KiWi
702

Über das Buch

Im Winter 1999 lobten mehrere Zeitungen ein Buch, in dem zum ersten Mal »ballorientierte Raumdeckung«, »Viererketten« erläutert und das Thema Fußballtaktik populär aufgearbeitet wurde. »Lesbar und verständlich« fand es die Frankfurter Allgemeine Zeitung. »Eine eher nüchterne Sache wird kurzweilig abgehandelt« urteilte der Tagesanzeiger Zürich. Und die Schwäbische Zeitung jubelte: »Die Analysen der beiden Autoren sind das Beste, was in den letzten Jahren angeboten wurde.«

Die Fußball-Kenner Biermann und Fuchs lieferten die Sehhilfe zum Verstehen des modernen Fußballs. Denn seit die deutsche Nationalmannschaft nicht mehr Weltspitze ist, diskutiert man auch hierzulande die Veränderungen, die das Spiel in den letzten Jahren erlebt hat. Nie wurde in Expertenrunden an der Theke oder vor dem Fernsehapparat mehr über Systeme und Taktik debattiert. Die Autoren prüften, was nur neuer Jargon und was reale Veränderung im Fußball der Gegenwart ist. Vergnügen hatte die Frankfurter Rundschau auch an der historischen Seite des Themas und las »spannende Taktik-Geschichten von der Stunde Null des Fußballs bis heute«.

Keine Angst, dies ist »keineswegs ein sprödes Lehrbuch« (WDR). Obwohl es in der Trainerausbildung an der Deutschen Sporthochschule in Köln eingesetzt wird und den Beifall etlicher Spitzentrainer wie Ottmar Hitzfeld, Volker Finke oder Hans Meyer gefunden hat. Geschrieben ist es vor allem für Fans und für sie wurde es überarbeitet und erweitert. Aktuelle Entwicklungen finden dabei Berücksichtigung, und der Stand der Dinge wird in dieser Neuausgabe erläutert und mit der notwendigen Portion Kritik gewürzt. Kurzum: »Wer den modernen Fußball richtig ›lesen‹ will, sollte zuerst dieses Buch lesen« (Falter, Wien).

Die Autoren

Christoph Biermann, geb. 1960, arbeitet als freier Journalist in Köln und ist Sportkorrespondent der Süddeutschen Zeitung.

Ulrich Fuchs, geb. 1956, lebt als freier Journalist in Freiburg.

Christoph Biermann / Ulrich Fuchs

Der Ball ist rund, damit das Spiel die Richtung ändern kann

Wie moderner Fußball funktioniert

Kiepenheuer & Witsch

6. Auflage 2009

überarbeitete und erweiterte Ausgabe
© 1999, 2002 by Verlag Kiepenheuer & Witsch, Köln
Alle Rechte vorbehalten. Kein Teil des Werkes
darf in irgendeiner Form (durch Fotografie, Mikrofilm
oder ein anderes Verfahren) ohne schriftliche
Genehmigung des Verlags reproduziert oder unter
Verwendung elektronischer Systeme verarbeitet,
vervielfältigt oder verbreitet werden.
Umschlaggestaltung: Barbara Thoben, Köln
Umschlagfoto: Edgar Lissel, Hamburg
Grafik: Stefan Sälzer, Freiburg
Gesetzt aus der Garamond Stempel (Berthold)
bei Kalle Giese, Overath
Druck und Bindearbeiten: CPI – Clausen & Bosse, Leck
ISBN 978-3-462-03124-9

»Wir Deutschen haben keine Ahnung von Taktik«

Matthias Sammer

Inhalt

Vorwort
Von Ottmar Hitzfeld 13

Warm machen
Von der Krise zum Zauber des Spiels 17

Verheddert
*Warum eine Viererkette allein nicht
moderner Fußball ist* 21

Platzangst
Wie das Spielfeld immer kleiner wurde 29

Stilblüte
*Wie der Stil einer Mannschaft zur zentralen
Kategorie des modernen Spiels wird* 39

Vom Nullpunkt des Spiels
*Vom Haufen zur Mannschaft und die Lehre
von der Kombination* 50

Die zweite Geburt des Fußballs
*Die neue Abseitsregel, Herbert Chapman
und das WM-System* 63

Mit Stil gegen England
*Österreichs Wunderteam, der Schalker Kreisel
und eine Taktik – als Kulturstreit* 72

Aufbruch von den Positionen
*Wie die ungarische Mannschaft der fünfziger Jahre
das Korsett fester Positionen sprengt
und doch im entscheidenden Moment scheitert* 82

Die Mächte der Finsternis
*Schweizer Riegel, Catenaccio und
die Erfindung des Defensiv-Fußballs* 88

Südamerika und die Ankunft im Raum
Brasiliens 4-2-4 oder: vom System zum Stil 96

Total Football – die letzte Revolution
Fußball ganzheitlich, alle machen alles 104

Der deutsche Sonderweg
Von der Weltspitze in die Sackgasse 117

Einmal Arbeitsteilung und zurück
*Wie die lange Geschichte des Spiels am Ende
in ihr Gegenteil verkehrt wird* 124

Stilmittel der Moderne
In die Enge des Spiels und aus ihr hinaus 128

Das Ende der Systeme
*Wie die Bedeutung der Grundformationen
zunehmend nivelliert wird* 141

Aus der Not eine Taktik machen
*Warum in Deutschland die Erneuerung
von den Rändern aus stattgefunden hat* 148

Do it in the Mix
*Die Post-System-Ära hat auch in
den deutschen Stadien begonnen* 156

Samstag um halb vier
Wenn die Theorie ins Stadion kommt 167

All that Jazz
Eine Entschuldigung zum Glück 175

Glossar 180

Vorwort

Von Ottmar Hitzfeld

Ihrem Buch haben Christoph Biermann und Ulrich Fuchs einen Satz von Matthias Sammer als Motto vorangestellt: »Wir Deutschen haben von Taktik keine Ahnung.« Das ist sicherlich übertrieben, und Matthias hat ihn gesagt, als er noch Spieler und nicht Trainer war. Aber es ist auch etwas Wahres an dieser Behauptung. Man kann es schon daran erkennen, wie in deutschen Medien über Fußball diskutiert wird. Wir lesen dort unendlich viel darüber, welch exorbitante Summen Fußballspieler verdienen und wer gerade angeblich Streit mit wem hat. Wir erfahren, welcher Torwart mit seinen Vorderleuten unzufrieden ist und welcher Stürmer sich gekränkt fühlt, weil ihn sein Trainer nicht aufgestellt hat.

Weit weniger intensiv wird hingegen diskutiert, warum ein Fußballspiel den erwarteten oder einen völlig überraschenden Verlauf genommen hat. Selten wird genauer erörtert, welche taktischen Überlegungen dabei eine Rolle gespielt und den vielleicht entscheidenden Ausschlag gegeben haben. Erstaunlicherweise erfahren die Fußballfans in Deutschland darüber weit weniger als die in anderen Ländern. In Italien oder Spanien, in England oder allemal in Holland ist die ausführliche Erörterung taktischer Zusammenhänge hingegen ein selbstverständlicher Bestandteil der öffentlichen Diskussion über Fußball.

Warum das bei uns so wenig entwickelt ist, weiß ich nicht. Vielleicht hängt es mit der deutschen Mentalität zusammen. Damit, dass hierzulande nur das Gewinnen zählt. Es wird nach dem Ergebnis gefragt, und ob die kämpferische Einstellung gestimmt hat. Die beiden Autoren haben in ihrem Buch auch dieser Mentalität nachgespürt und dargestellt, wie sie auf dem Fußballplatz in der Taktik des Mann-gegen-Mann-Spielens ihren Ausdruck gefunden hat. Dass man an dieser Idee zu lange festgehalten hat, ist sicher einer der Gründe dafür, warum der deutsche Fußball im vergangenen Jahrzehnt nicht mehr so erfolgreich gewesen ist, wie wir das lange Zeit gewöhnt waren.

Andererseits haben inzwischen auch in der Bundesliga zukunftsweisende Entwicklungen stattgefunden. Gerade deshalb ist es schade, dass die öffentliche Diskussion oft hinterher hinkt und sich noch häufig in den alten Mustern bewegt. Zumal, da braucht sich niemand etwas vorzumachen, der Einfluss der Medien auf den Sport eben sehr groß ist. Ob Spieler dem Lob oder der Kritik in den Zeitungen mehr glauben als dem, was der Trainer sagt. Ob ein Trainer etwas Neues probieren will und unter dem Druck von außen doch wieder zum Alten zurückkehrt. Es ist eine Illusion zu denken, dass wir Trainer in unserer täglichen Arbeit nicht ständig mit diesen Einflüssen zu kämpfen hätten. Auch das hat in den letzten Jahren den überfälligen Prozess des Umdenkens behindert, den Biermann und Fuchs mit ihrer Taktik-Geschichte beschreiben.

Ob eine ihrer zentralen Thesen zutrifft, dass heute, wo alle Spitzenmannschaften über alle modernen taktischen Mittel verfügen, die Dominanz der Systeme in den Hintergrund rückt und die Qualität des einzelnen Spielers dafür wieder weiter in den Vordergrund – in dieser Allgemeinheit will ich das nicht beurteilen. Aber für unsere Arbeit beim FC Bayern stimmt es. Wir suchen stets nach einem System, das zu den Spielern passt. Wir versuchen also nicht, die Profis unabhängig von ihren individuellen Stärken in eine fest vorgegebene Grundformation einzupassen, wie das meine Kollegen Arrigo Sacchi einst beim AC Mailand oder Luis van Gaal bei Ajax Amsterdam mit großem Erfolg gemacht haben.

Beim FC Bayern haben wir in den letzten Jahren meistens ein 3-4-3-System gespielt. Weil wir mit Lothar Matthäus und Patrick Andersson über Spieler verfügten, die auf der zentralen Position in einer Dreier-Abwehr enorme Stärken hatten. Lothar mehr im Spiel nach vorne, weswegen er oft vor den Innenverteidigern gespielt hat. Patrick mehr in der Defensive, weshalb er meistens auf einer Linie mit den Manndeckern agierte. Inzwischen spielen wir ein 4-4-2-System. Weil wir Innenverteidiger haben, die das beherrschen, aber auch, weil Bixente Lizarazu und Willy Sagnol auf den Außenverteidiger-Positionen Spieler mit großen Stärken im Aufbauspiel sind. Der Wechsel von drei zurück zu zwei Angreifern ist ebenfalls keine Glaubensfrage, sondern nur die Konsequenz daraus, dass Giovane Elber und Claudio Pizarro überragende Zentrumsstürmer sind.

Auch sonst verfügen wir über eine Fülle von Spielern mit außergewöhnlichen Fähigkeiten, die uns die Gelegenheit geben, immer wieder neu auf die Herausforderung anstehender Spiele zu reagieren. Denn generell ist es eine der wichtigsten Anforderungen geworden, flexibel zu spielen, wenn auf dem Rasen die Räume eng gemacht werden, wenn auf Linie und Pressing gespielt wird.

»Stilmittel der Moderne« haben Biermann und Fuchs diese taktischen Handlungsmuster genannt, und ihr Buch »eine Sehhilfe für den heutigen Fußball«. Inzwischen haben diese Sehhilfe so viele Fußballfreunde in Anspruch genommen, dass der Verlag nun diese zweite, überarbeitete Auflage herausgibt. Das freut mich, weil es zumindest ein kleines Indiz für das Bedürfnis nach kompetenter fachlicher Auseinandersetzung auch in Deutschland ist.

Aber vielleicht macht noch etwas anderes die Anziehungskraft dieses Bändchens aus. Etwas, das den Trainer auf der Bank, die Spieler auf dem Platz, die Fans auf den Rängen und ganz offensichtlich auch die Autoren dieses Buches verbindet:

die Liebe zu ihrem Sport. Ohne sie hat Fußball keine Zukunft – ganz egal, ob er nach alten Mustern oder modern gespielt wird. Wer genau in dieses Buch hineinliest, der wird auch daran erinnert.

München im November 2001

Warm machen

Von der Krise zum Zauber des Spiels

Die Rede über den modernen Fußball erreichte unser Land, als der deutsche Fußball – oder genauer: die deutsche Nationalmannschaft – in eine tiefe Krise geraten war. Seitdem kursiert die Modernisierung des Spiels als Chiffre für die Hoffnung auf Besserung. Als gäbe es da ein Geheimnis zu ergründen, mit dem alle Sorgen von einem auf den anderen Tag zum Verschwinden gebracht werden könnten. Viererketten und holländisches Flügelspiel, Verschieben der Mannschaftsteile und französische Defensivorganisation hießen die bedeutungsschweren und wechselnden Erkennungsworte für einen modernen und damit wieder erfolgreichen Fußball.

Es stimmt was nicht im Lande von Fritz Walter, Uwe Seeler und Franz Beckenbauer. Darüber konnten weder die Triumphe des FC Bayern München in der Champions League hinwegtäuschen noch die anfängliche Euphorie über einen neuen Teamchef der Nationalmannschaft, die ein Volk von Rudisten gebar. Ausgerechnet das Nationalteam, fünf Jahrzehnte lang kraftvolle Lokomotive auch des Vereinsfußballs, lieferte Beweise in Serie. Mit ihrer Spielweise bei der letzten Weltmeisterschaft hatte sie dem neuen Diskurs über den Fußball hierzulande erstmals eine breite Öffentlichkeit verschafft. Die klassischen Reflexe hatten nach dem frühen Aus in Frankreich nicht mehr funktioniert. Nein, es waren nicht die falschen Spieler nominiert worden, und allein Berti Vogts konnte man die Schuld auch nicht in die Schuhe schieben, wie Erich Ribbeck bald bewies. Im Gegenteil, die Europameisterschaft in Holland und Belgien bestätigte im Sommer 2000, dass alles noch viel schlimmer war.

Einige Erklärungsmuster für diese Krise wurden so lange wiederholt, bis sie niemand mehr hören konnte. Angeblich waren die deutschen Profis so saturiert, dass sie das National-trikot nicht mehr richtig durchschwitzen wollten. Oder der »mittelmäßige Ausländer« wurde zum Popanz aufgebaut. Rou-tinierte aber wenig aufregende Billigkicker aus Rumänien, Polen oder Bulgarien, hieß es, würden deutschen Talenten den Weg in die Bundesliga verbauen. Die wiederum, so waren sich alle einig, waren längst nicht so gut ausgebildet wie ihre Alters-genossen aus Frankreich oder Spanien, England oder Holland. Eilig verabschiedete der Deutsche Fußball-Bund flächende-ckende Sichtungs- und Förderprogramme für den Nach-wuchs. Große Erfolge, unkten die Pessimisten, würde es erst in einigen Jahren geben. Wenn die alles entscheidende Frage ge-klärt wäre: Würden die jungen Kicker wirklich den neuen, den modernen Fußball lernen, den die älteren verpasst hätten?

»Der Kopf ist rund, damit das Denken die Richtung ändern kann«, bemerkte der französische Maler Francis Picabia. Eine andere Richtung einschlagen sollte der Fußball hierzulande, das war das große Überthema. Den Experten galt das deut-sche Spiel als überholt. Die anderen, vor allem die Franzosen, so behaupteten sie, spielen moderner. Was das nun genau bedeutet, wurde allerdings nicht so recht erklärt. Vielleicht, weil viele Kritiker selber nicht genau wissen, wo ihre Be-schwerde ansetzen soll. Und es mischt sich noch ein anderes Element in die Krisen-Debatte. Schön sein zu wollen, hat deutscher Fußball nie für sich in Anspruch genommen. Für die Schönheit, für Eleganz, für ornamentale Verspieltheit und riskante Dribblings waren immer die anderen zuständig, die Spieler vom Mittelmeer, die Südamerikaner und später auch die Afrikaner. Deutsche Mannschaften und vorneweg selbst-verständlich das Nationalteam waren dagegen pragmatisch und kämpferisch unbeugsam. Die anderen mögen schöner spielen, aber am Ende gewinnt immer Deutschland.

Seit der Weltmeisterschaft in Frankreich hat die Ästhetik-Diskussion hierzulande erstmals Gewicht erhalten. Die Pragmatiker konnten sich nicht mehr hinter Ergebnissen verstecken, schließlich hatte die Nationalmannschaft nicht nur nicht gut ausgesehen, sie war auch nicht mehr erfolgreich. Die anderen hatten nicht nur schöner gespielt, sondern auch gewonnen. Gibt es also vielleicht doch einen Zusammenhang zwischen schönem Fußball und Erfolg? Bedeutet moderner Fußball, dass die alte Gleichung, Schönspieler verlieren, vielleicht sogar umgedreht werden muss?

Kein Zweifel, das Spiel muss heutzutage anders gelesen werden. Nicht nur als Aneinanderreihung aufregender Momente, sondern mit dem Blick auf tiefer liegende Zusammenhänge. Trotzdem oder gerade deshalb ist es erstaunlich, dass die Fragen nicht in abgelegenen Insider- oder Spezialisten-Zirkeln verblieben sind, sondern weite Teile des Publikums erfasst haben. Offensichtlich ist es nicht mehr mit Erklärungen von Sieg und Niederlage zufrieden, bei denen vierschrötige Trainer allein Charakterfragen debattierten und wer mehr Gras zu fressen bereit gewesen war.

Entscheidend ist zwar immer noch auf'm Platz – aber anders. Fußball ist immer weniger der Kampf Mann gegen Mann, dessen Grundzüge leicht zu durchschauen sind, und immer mehr ein Aufeinandertreffen von Konzepten, die weit schwerer zu entschlüsseln sind. Worauf es dabei ankommt, wollen wir hier erklären und damit eine Sehhilfe für den heutigen Fußball liefern. Darüber hinaus haben wir versucht, den Standort des modernen Spiels aus seiner Geschichte heraus zu bestimmen. Vieles deutet darauf hin, dass nach seiner letzten großen Umbruchphase ein attraktiver, offensiver Fußball gespielt werden wird.

Das ändert nichts daran, dass die populäre Debatte über die Fußball-Moderne immer auch vor dem Hintergrund seiner veränderten Rahmenbedingungen geführt wird. Im Zeitalter konsequenter Kommerzialisierung hat der Spitzenfußball seinen Charakter verändert. Die Entfremdung zwischen den Akteuren und den Fans hat viel vom Zauber des Spiels verfliegen lassen, so dass am Ende nur noch ein Geheimnis geblieben ist: das Spiel selbst.

Verheddert

Warum eine Viererkette allein nicht moderner Fußball ist

Es gab einmal eine Zeit, und sie ist noch nicht lange vorbei, da schien die Sache plötzlich ganz einfach. Mit einem Schlag hatte sich die Hoffnung auf die Lösung aller Probleme mit einem Begriff verbunden, der beschwörend durch den Blätterwald rauschte und in unzählige Mikrofone geraunt wurde. Arglos konnten wir uns vor der Übertragung eines x-beliebigen Fußballspiels langweilen, und plötzlich bekam die Stimme des Reporters diesen merkwürdigen Unterton. Zum Greifen spürten wir dann eine Stimmung, als hätte der Mann um fünf Uhr morgens an einem Wasserloch irgendwo in der afrikanischen Steppe ein anrückendes Löwenrudel erspäht. Mühsam gebremste Euphorie und gebannte Faszination ergaben ein explosives Gemisch. »Jetzt können wir es sehr schön sehen«, rief er dann aufgeregt, während die Kamera das vor ihm liegende Fußballfeld in der Totalen zeigt – »vier Mann auf einer Linie«.

Auch wer die Ergebnisse der Fußball-Bundesliga gelegentlich erst seiner Montagszeitung entnimmt, wusste dann, was die Stunde geschlagen hatte: Jetzt ging es um die Viererkette in der Abwehr – und damit um alles. Denn immer wenn die Forderung nach Erneuerung des deutschen Spiels fußballtaktisch auf den Begriff gebracht werden sollte, war die Viererkette nicht weit.

Was vor Jahren noch eine taktische Grundordnung unter anderen gewesen war, vor allem aber des Fußballs in anderen Ländern, avancierte zur Chiffre für modernen Fußball überhaupt. In Mittwochs-Kickgruppen wurde die Kette nachgestellt und in Donnerstags-Doppelkopfrunden theoretisch aufbereitet. Erinnern wir uns an die Weltmeisterschaft in

Frankreich, beschworen ihre Apologeten inständig. Wie hat Holland denn gespielt? Mit Viererkette. Brasilien? Mit Viererkette. Und die Franzosen? Eben. Nur unsere Rentnerband musste den Libero geben, und wenn die Pfeifen noch lange so weitermachen, dann verlieren sie am Ende noch gegen Samoa.

Mit dem von zwei Manndeckern assistierten Libero war nicht nur eine deutsche Institution, sondern auch ein Klassiker der Fußballmoderne ins Visier der Kritik geraten. An den Fußballstammtischen der Republik wurden die Räume enger gemacht, und auch der für Populismen stets empfängliche Paul Breitner war längst auf die Linie eingeschwenkt: »Die Viererkette – das ist der Weg für den deutschen Fußball.« Die aufgeregte Diskussion spaltete die Fußballnation in feindliche Lager. Unerbittlich standen sich Revolutionäre und Reaktionäre gegenüber. Leicht auszumachen waren sie, denn wer sich für die Viererkette aussprach, war ein Künder von Fortschritt und Innovation, wer Zweifel an ihr anmeldete, stand im Geruch einer von Vorgestern zu sein. In Wirklichkeit aber machte diese Debatte nur noch einmal deutlich, wie wenig der taktische Diskurs in einer der erfolgreichsten Fußballnationen eingeübt worden war.

Denn während im Mutterland des Liberos lauthals sein Sturz gefordert wurde, hatte sich der freie Mann hinter den Verteidigern schon nach vorne davongemacht. Nicht überall zwar, aber keineswegs auf leisen Sohlen. Mit einem Mal schien selbst vergessen, dass Deutschland 1996 in England Europameister geworden war – und vor allem wie. Matthias Sammer setzte neue Maßstäbe auf einer Position, von der aus Franz Beckenbauer einst das Spiel revolutioniert hatte.

Bevor Beckenbauer den Libero kreierte, stand hinter den Verteidigern der so genannte Ausputzer und mit ihm die Idee einer institutionalisierten Überzahl gegenüber den Angreifern. Erst Beckenbauers innovative Interpretation öffnete dem hintersten Defensivspieler einen Korridor ins Angriffs-zentrum. Nach dem Motto, was hinten hilft – einen zusätz-lichen freien Mann zu haben – kann vorne nichts schaden, hielt Beckenbauer nicht nur seinen Verteidigern den Rücken frei, sondern schaltete sich bei passender Gelegenheit mit ins Offensivspiel ein.

Matthias Sammer ging strategisch noch einen Schritt weiter. Indem er nicht nur zur Stärkung der Offensive nach vorne rückte, sondern auch bei jeder sich bietenden Gelegenheit schon vor den Innenverteidigern die Defensivarbeit des Mit-telfeldes unterstützte. In dieser Sammer'schen Libero-Varian-te bildeten sich quasi idealtypisch die Ideen des zeitgemäßen Spiels ab, bei dem versucht wird, in Defensive und Offensive dort in Überzahl zu kommen, wo gerade der Ball ist.

Ob das mit Viererkette besser funktioniert oder mit einem vorgeschobenen Libero, ist eine Diskussion, aus der sich der internationale Fußball schon wieder verabschiedete, als das Heer der Pseudo-Reformer hierzulande versuchte, den deut-schen Fußball auf die ominöse Linie zu trimmen. Paradox am Rande: Auch in der deutschen Libero-Bastion war die Kette nicht das gänzlich unbekannte Wesen gewesen, zu dem es die vermeintlichen Aufklärer plötzlich stilisierten.

Erinnert sich noch einer an den Fall Fringer? Mit dem Fuß-ballklub aus dem Provinzstädtchen Aarau hatte Rolf Fringer die eidgenössische Meisterschaft gewonnen und war in der Schweiz zum »Trainer des Jahres« gekürt geworden, bevor der VfB Stuttgart ihn 1995 an den Neckar lotste. An Selbstbe-wusstsein hat es dem damals 38-Jährigen nicht gemangelt, auch wenn er weder von einem renommierten Klub noch aus einer großen Fußballnation zum schwäbischen Traditionsver-ein kam. »Ich kenne zum Beispiel keine Manndecker, die – wie es der Name schon sagt – nichts anderes zu tun haben, als einen Stürmer auszuschalten«, gab Fringer zum Dienstantritt in Stuttgart bekannt. »Diese starre Spielweise ist zwar in

Deutschland noch sehr verbreitet, meiner Ansicht nach ist sie aber veraltet und wenig effektiv.« Das waren bemerkenswert forsche Töne in einer Zeit, als nur vermeintlich notorische Nörgler die Rückständigkeit des deutschen Kicks bekrittelten und noch kein Hahn nach der Kette krähte.

Fringer ließ trotzdem mit ihr spielen und erntete anfangs viel Beifall, wenn auch eher für die Attraktivität als für die angestrebte Effizienz des VfB-Spiels. Aber als es schon in der Rückserie steil bergab ging mit der schwäbischen Herrlichkeit, packte er, entnervt von den Querelen um seine Person und das System, noch kurz vor dem Start in seine zweite Saison die Koffer und machte sich über Nacht vom Cannstatter Wasen. Wobei ihm der Fan-Protest noch in den Ohren geklungen haben mag: »Viererkette – Verliererkette – Viererkette – Verliererkette«.

Was uns das sagt? Nichts zunächst – wenn nicht Fringers Assistent Joachim Löw, der eigentlich nur als Interimslösung auf dem Trainerposten vorgesehen war, für eine überraschende Pointe gesorgt hätte. Löw kehrte zum Liberospiel und der Erfolg damit postwendend ins Neckarstadion zurück. Aber nicht nur das: Auch und vor allem mit der Schönheit seines Spiels sorgte der VfB für Furore, und über Monate hinweg galten die Vorstellungen des schwäbischen Ensembles als ästhetische Offenbarung auf der Bundesliga-Bühne.

Nie ist in zeitlich schnellerer Abfolge illustriert worden, dass die Viererabwehrkette allein nicht als Maß für die Fußballmoderne und also den besseren Fußball taugt. Was kein Plädoyer gegen die Kette ist, sondern eines gegen alle Vereinfacher. Es soll deshalb auch gar nicht verschwiegen werden, dass man auch viel schönere Geschichten über die Kette erzählen kann. Geschichten, die unter genau umgekehrten Vorzeichen stehen. Die zum Beispiel, wie 1995 der FSV Mainz 05, als er zum Ende der Hinserie in der Zweiten Liga auf einem Abstiegsplatz stand, den Trainer Wolfgang Frank verpflichtete. Mit ihm gelang nicht nur der Klassenerhalt, sondern schon in der Winterpause nach Franks Verpflichtung eine Umschulung der FSV-Kicker auf die Kettenordnung, die erstaunliche Folgen hatte: Mainz 05 sicherte sich den Verbleib in der Zweiten Liga als Rückrundenmeister, und auch in der folgenden Spielzeit trug der Klub seinen Kettenfußball so überzeugend vor, dass er erst am letzten Spieltag und um Haaresbreite den Aufstieg in die Bundesliga verpasste.

Ketten ohne Erfolg. Ketten mit Erfolg. Und auf keinen Fall sollten wir vergessen, eine Kette zu erwähnen, für die beides zutraf. Weil sie auch die große Ausnahme war, die erste Vierer-Abwehrkette, die im deutschen Profi-Fußball richtig heimisch geworden ist – wenn auch nur für eine befristete Zeit. Keiner hat sie mehr bestaunt wie eine exotische Neuerung, und keiner hat sie verflucht, als die Siege selten wurden. Nein, am Gladbacher Bökelberg hat sie mal dazugehört wie das Würstchen zur Halbzeit. Wie so oft hatte die Borussia wieder tief im Schlamassel gesteckt, Ende 1992 wieder den Trainer gewechselt, wieder mit Ach und Krach das rettende Ufer erreicht, bevor Bernd Krauss, der neue Chef auf der Bank, die Viererabwehrkette installierte. Mit der neuen Ordnung kamen dann auch die alten Erfolge zurück. Die Borussia qualifizierte sich zwei Mal für den Uefa-Cup und sie gewann den DFB-Pokal. Vom Titelgewinn war sogar schon wieder die Rede, bevor eine Phase des Misserfolges Bernd Krauss den Arbeitsplatz kostete – die Viererkette wurde aber auch unter dem Krauss-Nachfolger Bongartz weiter gespielt. Erst unter Friedel Rausch, der Bongartz beerbte, wurde am Bökelberg der Libero reaktiviert und die mit rund vier Jahren längste und erfolgreichste Verweildauer einer Viererkette bei einem Bundesligaklub beendet. Wobei der am Bökelberg dann eher glücklose Bongartz auch deshalb verpflichtet wurde, weil er schon damals ein echter Ketten-Oldie war. Bereits 1985 am Betzenberg und von 1990 an einige glückliche Bundesligajahre in Wattenscheid vertraute er auf die in Deutschland ungewohnte Defensivordnung.

Beim FC Bayern München dagegen hatte es für die Kette zunächst nur zu einer Blitzvisite gereicht. Als Giovanni Trapattoni 1996 zu den Münchnern zurückkehrte, hatte er im Reisegepäck auch den Plan mitgebracht, die Bayern-Abwehr künftig auf einer Viererlinie anzuordnen. Schon nach wenigen Wochen aber hatte es den Anschein, dass sich eher Trapattoni in der Viererkette verheddern würde als gegnerische Angriffsreihen. Prompt verschwand das Reform-Konzept wieder im Taktik-Giftschrank. Lothar Matthäus, der Endlos-Libero der jüngsten deutschen Fußballgeschichte, blieb auf seiner angestammten Position. Die urbayrische Libero-Lösung wurde mit dem Titelgewinn befestigt und Trapattoni gab sich endgültig geschlagen. »Das Experiment mit der Viererkette in der Abwehr«, gab er vor dem Start in die nächste Spielzeit bekannt, »ist mir zu gefährlich.« Ein Satz mit doppeltem Boden – denn mehr als die gegnerischen Angreifer fürchtete der Taktiker Trapattoni wohl den Unwillen der Protagonisten seines Starensembles, sich mit der neuen Ordnung zu identifizieren.

Inzwischen stellt Ottmar Hitzfeld beim FC Bayern ganz selbstverständlich eine Viererkette in der Abwehr auf. Hatten die Kettenrassler also doch Recht? Muss dem ehemaligen Aschenputtel unter den Abwehrsystemen nur zum verdienten Ansehen verholfen werden, damit der Kick wieder an Klasse gewinnt? Müssen Völler und Skibbe die Kette auch zum Regelfall im Nationalteam machen? Wird dann alles gut?

Doch zuvor sei noch eine andere Frage gestellt. Weiß noch jemand, was ein Mittelläufer ist? Nein? Hinter diesem Begriff verbarg sich einst der zentrale Verbindungsspieler zwischen Abwehr und Angriff. Welche Rolle er im WM-System spielte, werden wir später erklären. Sicher gesagt werden kann aber schon hier, dass es diese Rolle so nicht mehr gibt und ihre Bezeichnung nur noch ältere Jahrgänge kennen. Ähnlich wird

es, und das ist keine gewagte Prophezeiung, dem Libero erge-
hen. Im Winter 2001 war es jedenfalls beim *Kicker* so weit.
Die Fachzeitung strich die Kategorie »Libero« bei ihrer Rangliste des deutschen Fußballs. Wie Franz Beckenbauer zu
Beginn seiner Karriere noch Mittelläufer genannt wurde, als er
den Libero eigentlich schon erfunden hatte, werden heute
bestenfalls diejenigen noch Libero genannt, deren Stellen-
beschreibung mit der Position Beckenbauers nur noch wenig
gemein hat. Immer öfter ist heute vom zentralen Verteidiger
die Rede, vom Libero vor der Abwehr, vom Abwehrchef oder
vom Abwehrspieler vor der Verteidigung.

Das beschreibt durchaus unterschiedliche Arbeitsaufträge,
und genau darauf kommt es an: was einer auf dem Platz
macht. Denn das Zauberwörtchen, das zeitgemäße Defensiv-
strategien beschreibt, ist nicht die Viererabwehrkette, sondern
die »ballorientierte Gegnerdeckung«. Die aber praktizierte
beispielsweise schon vor einigen Jahren der VfL Bochum
unter seinem Trainer Klaus Toppmöller erst sehr und hinterher gar nicht mehr erfolgreich, mit zwei Manndeckern und
einem Libero, der eigentlich keiner mehr war. Weshalb von
den Vertretern dieser taktischen Ordnung, in der freier Mann
und Manndecker ihre Aufgaben je nach Spielsituation tausch-
ten, gelegentlich auch der Begriff des »defensiven Dreier-
blocks« ins Spiel gebracht wurde. Übrigens wechselte der VfL
Bochum damals gelegentlich auch fliegend zur Viererkette.

Wir merken, die Sache beginnt jetzt komplizierter zu werden. Aber genau diese Unübersichtlichkeit ist ein zentraler
Wesenszug des zeitgemäßen Spiels, dem sich viele Kritiker mit
bemerkenswerter Hartnäckigkeit verschließen. Gebetsmüh-
lenartig werden Glaubensrichtungen vorgetragen, während
unten auf dem Platz die Grenzen zwischen den Spielsystemen
fließend geworden sind.

Schluss mit sturer Manndeckung, wir müssen endlich im
Raum spielen, haben etwa die Verfechter der Viererkette

gefordert. Längst aber agieren auch in der Bundesliga die Manndecker oft seitenorientiert. Wechselt der Angreifer von links nach rechts, dann wird er in Absprache mit dem Kollegen übernommen beziehungsweise übergeben – auch ein moderner Manndecker spielt also im Raum.

Schluss mit dem Libero hinter den Manndeckern, wir müssen endlich auf Linie spielen, tönt die Kettenfraktion. Immer öfter aber sehen wir auf den Bundesligaplätzen den so genannten Libero auf einer Linie mit seinen Manndeckern, oder noch ein gutes Stück davor. Auch mit dem Libero kann man also seine Defensive auf eine Linie kriegen. Um nicht zu sagen: man muss. Jedenfalls dann, wenn man das Ziel einer modernen Defensivarbeit umsetzen will, dem ballführenden Gegner möglichst schnell und möglichst weit weg vom eigenen Tor das Objekt der Begierde wieder abzujagen. Dafür wird in hoch entwickelten Defensivsystemen weder am Personaleinsatz noch an läuferischem Aufwand gespart. Angst und bange soll es dem Gegner schließlich werden. Allein mit dem Ball soll er sich fühlen und gegen alle, die ihn haben wollen.

In jener Enge des Raums, wo der Fußball von heute nach möglichen Ausgängen fahndet. Wo er sich neu konstituieren muss, weil dort plötzlich nichts mehr so ist, wie es früher einmal war. Weshalb wir uns jetzt noch einmal aus den wolkigen Diskussionen um Viererketten und andere Mythen der Neuzeit verabschieden und uns erst mal in das wilde Getümmel auf dem Platz begeben, wo ja, angeblich, die Wahrheit liegen soll.

Platzangst

Wie das Spielfeld immer kleiner wurde

Beim Fußball zugucken ist ungerecht. Wahnsinnig ungerecht oft. Ganz egal, ob man es vor dem Fernsehapparat tut, von den besten Plätzen auf der Haupttribüne oder vom Stehplatz hinterm Tor, wo die Ungerechtigkeit nicht mehr ganz so groß ist. Spiel doch nach rechts, brüllt die Tribüne, oder: Vorsicht, du Blinder, da kommt links noch einer – und bei alldem haben die da oben keine Ahnung von dem, was dort unten passiert. Keine Ahnung davon, dass die Spieler auf dem Platz zwar kein anderes Spiel, aber das Spiel ganz und gar anders sehen als seine unbeteiligten Beobachter.

Wir reden jetzt nicht von der Fähigkeit, das Spiel lesen zu können, wie es so schön heißt, und wir reden auch nicht von geheimen taktischen Anordnungen, die der Trainer erlassen hat und von denen wir nichts wissen. Es geht hier allein um die Frage der Perspektive. Das Gefühl, das wir auf der Tribüne oder im Sessel für Raum und Zeit entwickeln, ist nichts als eine trügerische Illusion. Sie täuscht uns vor allem über den enormen Zeitdruck, unter dem die Spieler auf dem Platz entscheiden müssen: Ball annehmen, Ball direkt weiterspielen. Ball erst einmal sichern und versuchen zu halten, Dribbling aufnehmen. Riskanten Ball nach vorne spielen, sicheren Ball zurück. Ist der überhaupt sicher? Wo lauert der Gegner? Wie bringen sich die Kollegen in Position? Mehr als eine, zwei, drei Sekunden gibt es oft nicht mehr, um die richtige Entscheidung zu treffen oder eben auch die falsche – es sei denn, die gegnerische Mannschaft nimmt ihre Defensivarbeit erst hinter der Mittellinie auf, und das Team in Ballbesitz befindet sich noch beim gemächlichen Aufbau in der eigenen Hälfte.

Fußballspielen auf höchstem Niveau ist Stress, purer Stress.

Jeder, der selbst gespielt hat, kennt die Situation, wie mit dem Gegenspieler im Nacken der Druck zunimmt. In der Spitze des Spiels potenziert sich dieser Druck – auf einem Platz, der in den letzten Jahren zunehmend geschrumpft ist. Nein, an den vorgeschriebenen Vermessungsdaten hat sich natürlich nichts geändert. Immer noch muss ein Fußballfeld, um den Regeln zu entsprechen, zwischen 64 und 75 Meter breit und zwischen 100 und 110 Meter lang sein. Aber wenn zwei hochklassige Teams dort aufeinander treffen, ist die tatsächlich bespielte Fläche mittlerweile meistens nicht mehr größer als vielleicht 40 Meter lang und 50 Meter breit (Abbildung 1). Sie reicht bei der verteidigenden Mannschaft, wenn sie schon weit zurückgezogen steht, von der eigenen Sechzehnmeter- bis zur Mittellinie und in der Breite von der einen Seitenlinie bis – auf der anderen, der ballentfernten Spielfeldseite – noch ein paar Meter über die seitliche Begrenzung des Sechzehnmeters hinaus. Dieser riesige Zwinger schiebt sich, wenn der Ballbesitz wechselt, mal mit hohem Tempo, mal gemächlicher in Richtung gegenüberliegende Sechzehnmeterlinie, und je nachdem, an welcher Seite der Ball gerade gespielt wird, von Außenlinie zu Außenlinie hin und her. Auf diesem Feld im Feld tummeln sich dann selten weniger als 16 der 22 Akteure und versuchen, sich gegenseitig das Spiel schwer zu machen. Freigänger gibt es nur an den Rändern – beim Offensivspiel können die Manndecker gelegentlich mal weiter zurück, beim Defensivspiel die Angreifer weiter vorne bleiben.

Vor noch nicht allzu langer Zeit sah das noch ganz anders aus. Oft genug konnte man da Konstellationen beobachten, bei denen die Angreifer mit Ball schon fast den gegnerischen Strafraum erreicht hatten, während der Libero und die Manndecker noch fast auf Höhe des eigenen Strafraums weilten – und links und rechts die Seitenlinie besetzt zu halten, galt sowieso als Ausdruck einer disziplinierten Raumaufteilung.

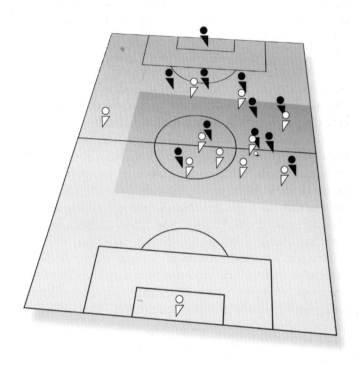

Abbildung 1: Platzangst
Ein wesentliches Kennzeichen des modernen Fußballs ist, dass sich das Spielgeschehen auf eine Fläche von 50 mal 40 Metern zusammenschiebt.

Heutzutage erleben wir solch weitläufige Anordnungen eigentlich nur noch bei unterklassigen Fußballspielen. Oder wenn, meist zum Ende von tempogeladenen Begegnungen, die vorgegebene Ordnung massive Auflösungserscheinungen zeigt, weil die Kräfte schwinden. Begünstigt wird das noch, wenn eine Mannschaft verzweifelt einen knappen Rückstand egalisieren will, während die andere versucht, mit einem Konter alles klarzumachen. Wild mit den Armen rudernde Trainer versuchen dann von der Seitenlinie, beim eigenen Angriff die Defensivabteilung weiter nach vorne und beim gegnerischen Vorstoß die Offensivabteilung zurückzuscheuchen, während neutrale Beobachter auf der Tribüne sich am Spektakel freuen können. Weil die Ausdehnung des Spielfelds zeigt, warum es vorher so eng gemacht wurde: die zuvor – wie das im Fußball-Neudeutsch heißt – zugestellten Korridore in Richtung der Tore sind jetzt fast ständig geöffnet, und im besten Fall jagt eine Torchance die andere.

Trotzdem bestätigen auch solche Ausnahmen nur die Regel, dass der große Platz in der Spielrealität um mehr als die Hälfte kleiner geworden ist – und dabei hätten die Akteure inzwischen doch Luft, um ein Feld zu beackern, das noch ein bedeutendes Stück größer sein könnte als das in den ursprünglichen Maßen. Dieser Widerspruch ist ein Kennzeichen des modernen Spiels, und aus diesem Widerspruch heraus sind dann wieder viele seiner Charakteristika entwickelt worden. Aber wie kommt das? Wie wird so ein Platz plötzlich kleiner? Es ist kein Zufall, dass das Spiel sich noch einmal extrem verdichtet hat, nachdem seine Rahmenbedingungen entscheidend beschleunigt wurden und das Geschäft mit dem Sport enorm an Fahrt aufgenommen hat. Fußballklubs, die in der europäischen Spitze spielen, haben sich in den vergangenen zehn Jahren zu kleinen Konzernen entwickelt. Vor allem begünstigt durch die sprunghaft gewachsenen Einnahmen im Bereich der Fernsehvermarktung ist der Gehaltsmillionär in kurzen Hosen bei den Spitzenklubs inzwischen der Regelfall. Wo so viel Geld in Spielergehälter investiert wird, soll der Einsatz auch entsprechende Rendite bringen. Mit den gigantischen Umsatzsteigerungen der Klubs haben sich deshalb auch die Arbeitsbedingungen in den Profiabteilungen selbst sprunghaft weiterentwickelt.

Selbstverständlich werden Gegner und das eigene Spiel mit Videoaufzeichnungen analysiert. Wer will, und es wollen immer mehr, kann detaillierte Studien auch beim Fachmann ordern. Profile einzelner Spieler von der Kilometerleistung pro Partie bis zu Passspielquoten, von der Zweikampfstatistik bis zur Flankenqualität, sind da so wenig ein Problem wie die Systemanalyse ganzer Teams.

Co-Trainer studieren die Zahlenkolonnen aus der »ran«-Datenbank, während die Spieler ihre geschundenen Knochen und Muskeln in vereinseigenen Saunen und Entmüdungsbecken pflegen. Der gute, alte Masseur ist durch eine qualifizierte physiotherapeutische Abteilung ersetzt worden, und leistungsdiagnostische Untersuchungen geben Aufschluss über die Grundlagenausdauerwerte des Personals. Nicht mehr Steak und Salat steht beim Essen im First-Class-Hotel auf dem Programm, vor dem Spiel ist das Füllen der Kohlehydratspeicher im Athletenkörper erster Essenszweck. Selbst auf dem Trainingsplatz ist der Mannschaftsarzt zur Erstversorgung kleinerer Wehwehchen mit dabei, und falls die Stricke respektive Bänder doch mal reißen, werden die medizinischen Koryphäen des Landes bemüht – zu Kreuzband-Operationen lassen die besten Klubs ihre Akteure gar ins amerikanische Vail fliegen.

Das Ziel allen Aufwands: Mit dem gestiegenen Kapitalwert der Spieler sollen die vorhandenen Ressourcen noch besser ausgeschöpft werden. Der Reichtum wird pfleglicher behandelt, und andererseits sollen die Akteure im Spiel ihre körperliche Leistungsfähigkeit bis an die Grenzen des Machbaren strapazieren. Um die Voraussetzungen dafür zu schaffen, hat sich die Trainingsarbeit im Fußball zumindest in Ansätzen an wissenschaftlichen Kriterien orientiert.

Viele erinnern sich wahrscheinlich noch, wie vor ein paar Jahren der Laktatwert und der gleichnamige Test Einzug in den Fußball hielten. Und wie gerade Vertreter der älteren Trainergeneration nur müde darüber gelächelt haben. Technik, Taktik, Schnelligkeit – in diesen Bereichen musste der Kicker was zu bieten haben. Aber was um Himmels willen sollte jetzt ein Messverfahren, das Aufschluss gibt über die Milchsäurekonzentration im Blut? Eine Analyse, bei der man Tabellen brauchte, Relationen herstellte zwischen Laktatwerten, Pulsfrequenz und Laufgeschwindigkeit? Warum austüfteln, bei welcher Belastung der Spieler seine anaerobe Schwelle erreicht, sprich den Punkt, an dem die Milchsäurekonzentration exponential zunimmt, weil die starke Belastung zu einer Sauerstoffunterversorgung im Muskel führt? Warum eine Trainingsarbeit mit Pulsuhren und entsprechend dosierter Belastung gezielt darauf ausrichten, diese Werte zu verbessern?

Das so genannte Konditionstraining gestaltete der gestandene Cheftrainer alter Schule lieber im Horizont seines reichen Erfahrungsschatzes – und immer mal wieder auch als Strafmaßnahme nach dem beliebten Motto »Rennen bis zum Kotzen«. Mittlerweile gehört der Laktattest zum Standardrüstzeug. Kaum ein Trainer bezweifelt noch, dass die Optimierung der Grundlagenausdauer direkte Auswirkungen aufs Spiel hat. Deshalb üben die Athleten nicht nur die hohen Belastungen ein, denen sie ausgesetzt sind, sondern auch die Fähigkeit des Körpers, sich wieder schnell davon zu erholen. Denn genau das ist das Ziel einer differenzierten Grundlagenschulung. Die Folgen auf dem Fußballfeld sind einfach: Wer sich schnell erholt, kann sich sofort wieder extrem belasten, also etwa im Vollbesitz seiner Kräfte einen Zweikampf bestreiten. Er kann insgesamt wesentlich größere Laufstrecken bewältigen, sprich weitaus häufiger direkt am Geschehen beteiligt sein.

Um dieses Potential seiner Spieler auszureizen, muss ein Trainer sich in physiologischen Zusammenhängen schlau machen – oder aber Experten zu Rate ziehen. Stupides Rundenlaufen hat ausgedient, auch wenn die Spannbreite, in der man sich medizinischer Erkenntnisse bedient, weiterhin beträchtlich ist. Die Entwicklung seiner Spieler im Bereich der maximalen Sauerstoffaufnahmekapazität interessiert immer noch die Minderheit der Übungsleiter, auch wenn jeder weiß, dass der gut durchblutete Muskel sich am schnellsten von der Höchstbelastung erholt. Und ein auf die Leistungsfähigkeit der Einzelnen zugeschnittenes Laufprogramm, das per Pulsuhr kontrolliert wird, ist eher die Ausnahme, auch wenn jeder weiß, dass innerhalb eines durchschnittlichen Bundesligakaders die individuellen Möglichkeiten im Ausdauerbereich extrem unterschiedlich sind. Mario Basler wird auch bei optimaler Vorbereitung immer schlechtere Ausdauerwerte haben als Dauerläufer Hasan Salihamidzic, wie Günter Netzer immer schlechtere hatte als Herbert Wimmer. Dass aber die Höchstleistung bei Salihamidzic zur Voraussetzung hat, dass er auch im Training höher belastet werden muss als ein Mario Basler, dass also die Arbeiter auf dem Platz auch in der Vorbereitung mehr büffeln müssen, um an ihre Grenzen zu kommen – das ist eine Erkenntnis, die sich im Fußball nur zögerlich durchsetzt.

Kein Zweifel besteht dagegen mehr daran, dass die athletischen Fähigkeiten der Spieler insgesamt immens weiterentwickelt worden sind. In den frühen Siebzigern, in denen in Deutschland der angeblich beste Fußball aller Zeiten gespielt wurde, hat ein Mittelfeldspieler über 90 Minuten zwischen vier und fünf Kilometer Laufstrecke hinter sich gebracht, heute sind es zwischen acht und elf. In der Saison 1961/62 hat der ungarische Trainer Janos Palfai Messungen der Laufleistungen von Spitzenspielern vorgenommen. Immerhin, Alfredo di Stefano von Real Madrid hätte mit seinen 4366 Metern auch 10 Jahre später noch genauso mithalten können wie Mario Zagalo von Botafogo Rio mit 3948 Metern. Selbst für die siebziger Jahre eher bedenklich sind die Werte von Zagalos Mannschaftskollegen Garrincha (2808 m) und Omar Sivori von Juventus Turin (2476 m), die beiden hätte wahrscheinlich sogar der kugelrunde Ballkünstler »Buffy« Ettmayer in Grund und Boden gerannt.

Heute würde einer wie Ettmayer, dessen Bierdeckelradius genauso Legende war wie seine wunderbar getimten Flugbälle auf die Spitzen, kein Land mehr sehen. Rettungslos würde er im Anstoßkreis treiben, während rings um ihn die Wogen des Spiels hochschlagen. Auf dem Spielfeld der Gegenwart ist es nämlich nicht nur eng geworden, weil alle viel mehr laufen und sich deshalb ständig und überall in die Quere geraten. Die gestiegenen individuellen Qualitäten im läuferischen Bereich sind in ein mannschaftstaktisches Verhalten umgesetzt worden, das auf diesem Laufvermögen basiert. Eng wird es auf dem Platz nicht nur, weil zwischen den zwei Sechzehnern und den Seitenlinien gerannt wird, was das Zeug hält. Eng wird es auch, weil der taktische Auftrag an die Mannschaft der Moderne lautet, ihr läuferisches Vermögen zu nutzen, um das bespielte Feld im Verbund zu verkleinern. Das taktische Mittel, mit dem das erreicht wird, ist das so genannte Verschieben. Damit ist das Spiel noch einmal revolutioniert worden.

Wir werden später noch sehen, wie es mehr als ein halbes Jahrhundert gedauert hat, bis alle taktischen Grundformationen gefunden waren. Wie in dieser Zeit und danach viele einzelne Positionen durch ihre taktische Interpretation ausdifferenziert, weiterentwickelt oder ganz neu definiert worden sind. Erst in den vergangenen zehn, fünfzehn Jahren ist dann mit der Verschiebetaktik ein strategisches Mittel ins Spiel gebracht und intensiviert worden, das den Rahmen noch einmal neu gesteckt hat.

Erstes Ziel der Defensivarbeit ist es nicht länger, im Kampf eins gegen eins, Mann gegen Mann, als der heroische Sieger vom Platz zu gehen. Abwehrarbeit ist ein kollektiver Auftrag, und ihr Ziel ist es, den Gegner im durchaus wörtlichen Sinne in die Enge zu treiben. Dort soll er entweder zu Fehlern provoziert oder die Kugel im Zweikampf erobert werden. Wobei sich diese Duelle inzwischen meist zu einem Dreikampf entwickelt haben. Beim flüchtigen Hinschauen nähert sich das Spiel damit wieder jener Form, die wir auf Sonntagsspaziergängen gelegentlich bei den Kicks von F-Jugendlichen belächeln. Bienenschwarmartig bewegen sich die zwei Mannschaften übers Feld – und immer hinter dem Ball her.

Nicht nur der Platz ist eng geworden, auch die Ruhepausen für die Spieler gibt es immer seltener. Hat ein Verteidiger den Ball erobert und ihn erfolgreich dem Kollegen im Mittelfeld zugepasst, dann kann er nicht mehr wie früher die Hände in die Hüfte stemmen und gelassen warten, bis der nächste Angriff kommt. Am Verschiebespiel sind alle zu jeder Zeit beteiligt, wenn auch nicht in jedem Moment mit läuferischem Aufwand, so doch zumindest mit dem Kopf. Wenn ein Manndecker sich ins Angriffsspiel einschaltet, muss die Defensive für den möglichen Konter geordnet werden. Wenn über den Flügel gespielt wird, rücken Spieler aus dem Zentrum oder von hinten zur Hilfestellung nach und vom anderen Flügel in Richtung Zentrum. Und keiner darf bei alldem vergessen, dass das Spiel der Moderne noch schneller umschlägt als das Wetter im Gebirge.

Durch die Strategie des Verschiebens ist der Platz also kleiner geworden, und in dieser Enge des Raums treffen sich Akteure, deren athletische Fähigkeiten weiter entwickelt sind als je zuvor. Das Ergebnis: Jene viel besungene Tiefe des Raumes, aus der einst Günter Netzer kam, ist verstellt. So verstellt bisweilen, dass Klaustrophobikern angst und bange werden kann. »Geben Sie mir zehn Mittelstreckenläufer, und die sind in vier Wochen in der Lage, ballorientierte Raumdeckung zu spielen«, hat Ralf Rangnick gesagt, als er noch Trainer in Ulm war. Was nichts anderes ausdrücken sollte als: Haben die Wachhunde der verteidigenden Mannschaft eine überragende Grundlagenausdauer und sind in eine disziplinierte Verschiebestrategie eingeübt, dann kann auch für die Besten die Luft zum Spielen knapp werden.

Der Fußball ist in die Enge geraten. Wie nun da wieder herauskommen? Lange geisterte in den vergangenen Jahren die Angst durch die Arenen, das Zunehmen von Tempo und Athletik könnten der Schönheit des Spiels den Garaus machen. Inzwischen ist bewiesen: So muss es nicht kommen. Wer auf Dauer Erfolg haben will, kann nicht nur das Spiel des Gegners ersticken. Ist der Ball gewonnen, muss er auch sein eigenes spielen.

Aber wie das zu bewerkstelligen ist, darüber scheiden sich die Experten-Geister. Die Diskussion über modernen Fußball ist heute längst nicht mehr nur ein Streit um die richtige Taktik. Fußballmannschaften üben Strategien ein, um den Ball zu erobern und um ihn ins gegnerische Tor zu befördern. Aber dort, wo festgelegt wird, wie das eine und das andere aussehen und wie es zusammengehen soll, wird noch ein ganz anderer Rahmen festgelegt. Früher hätte man das vielleicht die Philosophie des Spiels genannt, wir nennen es Stil. Aber wer bildet den aus, und wie spielt er zusammen mit der Taktik und dem System einer Mannschaft?

Stilblüte

*Wie der Stil einer Mannschaft zur zentralen Kategorie
des modernen Spiels wird*

»Zwischen den beiden Punkten: Tore erzielen und Tore verhindern, zwischen Angriff und Abwehr, Freilaufen und Decken bewegt sich unser Spiel. Das ist, auf einen einfachen Nenner gebracht, Fußballtaktik.« So sagt es Hennes Weisweiler. Doch bei allem Respekt vor dem Meistertrainer, angesichts zunehmender Begriffsverwirrung helfen uns solche eher philosophischen Entwürfe nicht recht weiter. Zumal parallel mit dem zunehmenden Interesse an taktischen Zusammenhängen offensichtlich selbst der Konsens über die grundlegenden Kategorien Auflösungserscheinungen zeigt und von Taktik gesprochen wird, wo eigentlich das System einer Mannschaft gemeint ist, oder umgekehrt.

Alle Mannschaften spielen mit einem System, auch wenn von mancher Tribüne an schlechten Tagen mitunter lautstark systemloses Gekicke beklagt wird. Das System legt die Grundformation fest, die Zahl der Spieler in Verteidigung, Mittelfeld und Angriff. Wer die gängigen Formeln beherrscht, hat sich damit auch den Code erworben, der den Zugang in alle geheimen Expertenrunden öffnet, in denen die letzten Fragen des Fußballs erörtert werden: Ob der Weg in die Zukunft über die französische Interpretation des 4-4-2 führt etwa, oder ob auf Dauer das holländische 4-3-3 die Nase vorn haben wird? Ob auch das italienische Spiel auf der Strecke bleibt, wenn man das 4-4-2 weiterhin so traditionell interpretiert, und vor allen anderen natürlich: Ob das 3-5-2, das wir in den Mehrzahl der Bundesligastadien sehen, nur noch ein Ladenhüter des Fußballs ist? Auch das Fernsehen lässt die Lernwilligen nicht im Stich. Vor jeder Fußballübertragung wird das System, das eine Mannschaft pflegt, mittlerweile anhand einer schematischen Aufstellung dargestellt und zumeist als »taktische Formation« angekündigt.

Tatsächlich gibt die Grundformation aber nur äußerst rudimentär Aufschluss über die Taktik einer Mannschaft. Identische Systeme können extrem unterschiedlich interpretiert werden. Sie sind, wenn man so will, nicht mehr als die Kreuzchen an der Tafel des Mannschaftsraumes. Wenn das Spiel beginnt, werden die Pfeile wichtig, mit denen die Wege und Aufgaben der Kreuzchen beschrieben werden.

In aller Regel wird der Trainer bereits in der Saisonvorbereitung festgelegt haben, ob er mit einer Viererkette in der Abwehr antritt, mit einer Dreierkette, ob er ohne oder mit Libero spielt – oder ob er gar so reich mit geeignetem Personal gesegnet ist, dass er die Systeme variieren kann. Genauso wie für die Abwehr wird er eine Grundordnung fürs Mittelfeldspiel und für den Angriff entwickeln. Und bei alldem hat er auch die meisten Pfeile schon im Kopf, mit denen er die Kreuzchen versehen wird. Diese Pfeile illustrieren das taktische Konzept einer Mannschaft. Bei ihm stellen sich Fragen, die über die numerische Verteilung von Spielern auf dem Platz weit hinausgehen. Wie wird eine Position interpretiert? Spielt ein Libero hinter, vor oder in der Abwehr, oder, je nach Spielsituation, mal so und mal so? Arbeitet eine Mannschaft verstärkt mit Kurzpässen oder lang gespielten Bällen? Wird in der Offensive vor allem das Flügelspiel forciert oder öfter der Weg durch die Mitte gesucht? Und nicht zuletzt: Inwiefern macht man die Entscheidungen darüber vom jeweiligen Gegner mit abhängig? Das taktische Grundkonzept einer Mannschaft, das man auch als Spielidee bezeichnen könnte, wird zwar in aller Regel nicht grundsätzlich geändert, aber Modifikationen werden ständig vorgenommen.

So tendierten beispielsweise Trainer von personell weniger stark besetzten Bundesligisten früher gelegentlich dazu, gegen wichtige Spieler des Gegners so genannte Sonderbewacher einzusetzen. Das letzte klassische Beispiel dafür waren die Spezialeinsätze gegen Krassimir Balakov vom VfB Stuttgart. Was auch mit dem taktischen Konzept der Stuttgarter zu tun hatte: Wohl keine andere Mannschaft in der Bundesliga hatte ihr Offensivspiel so deutlich auf die Ideen eines Akteurs zugeschnitten wie der VfB auf Balakov. Für viele Trainer lag es deshalb nahe, den Ideenfluss des Gegners durch einen Sonderbewacher zu stoppen. Das hatte aber auch Folgen für das eigene Spiel. Weil ein Sonderbewacher für seine üblichen Aufgaben nicht wie gewohnt zur Verfügung steht, strebt ein Trainer, der sich trotzdem für ihn entscheidet, also an, dass Bewacher und gegnerischer Spielmacher sich gleichsam neutralisieren und so – zugespitzt formuliert – nur noch mit zehn gegen zehn gespielt wird. Und das offensichtlich, weil der Trainer dabei einen Vorteil für seine Mannschaft sieht beziehungsweise einen Vorteil des Gegners von vornherein egalisieren will. Heute, den Grund dafür werden wir später erläutern, findet man diese Variante im Spitzenfußball so gut wie gar nicht mehr.

Weniger augenfällig, aber nicht unbedingt weniger effektiv können Trainer ihr Team mit detaillierten taktischen Aufträgen auf den Platz schicken. Hat der Gegner sehr starke Kopfballspieler im Zentrum, wird man vielleicht versuchen, ihn schon sehr weit vorne im Feld zu stellen, um Flanken und die damit verbundene Gefahr früh zu unterbinden. Hat er sehr schnelle Angreifer, dann wird die Defensive dagegen weiter hinten die Arbeit aufnehmen, um nicht mit Tempovorstößen ausgehebelt zu werden. Erwartet man eine massierte Deckung, wird man vielleicht einen technisch versierten, eher offensiven Mittelfeldspieler zusätzlich bringen und auf die ausgeprägteren Defensivqualitäten eines anderen verzichten.

Geht es darum, kurz vor Schluss eines Spiels noch einen Rückstand auszugleichen, lösen die meisten Mannschaften die Liberoposition auf, um den Druck nach vorne mit der numerischen Aufstockung des Mittelfeldes zu erhöhen. Außerdem wird man wahrscheinlich vom Mittelfeld- auf Offensivpressing umschalten, während der Gegner in solchen Situationen gerne einen Angriffsspieler opfert und dafür einen kopfballstarken Abwehrspieler einwechselt. Aber mit all diesen taktischen Maßnahmen, die von Spiel zu Spiel, aber auch je nach Spielsituation ergriffen werden und von denen es unendlich viele gibt, wird nur noch eine Feinabstimmung vorgenommen – es sei denn, man ist schon in allerhöchster Not und scheut deshalb auch nicht mehr davor zurück, das eigene Risiko bedingungslos zu erhöhen. Denn neben dem System wird sich der Trainer schon vor der Saison auf die Prinzipien festlegen, nach denen seine Mannschaft das System anwenden soll. Und je pointierter diese Prinzipien gepflegt werden, desto stärker bildet sich das heraus, was man den Stil einer Mannschaft nennen könnte.

So erzielt der FC Bayern München, eigentlich für eine derart dominierende Mannschaft erstaunlich, viele Tore nach Kontern. Das hatte lange sicherlich damit zu tun, dass Stefan Effenberg eher im hinteren Mittelfeld agierte und bei Ballverlusten des Gegners von dort aus überfallartige Gegenangriffe mit weiten Flugbällen einleitete. Für den SC Freiburg sind hingegen seit Jahren engmaschige Kombinationen ein so deutliches Erkennungszeichen, das selbstverständlich vom »Freiburger Kurzpassspiel« gesprochen wird. Beim FC Schalke 04 unter Huub Stevens fiel stets seine Vorliebe für große, kräftige Spieler auf, was damit einherging, dass die Mannschaft auf das Element des trickreichen Dribblings verzichtete. In der Vergangenheit hatten die von Otto Rehhagel betreuten Teams den Erfolg über die Außenpositionen gesucht, und dazu passend hat Rehhagel im Angriffszentrum stets überdurchschnittlich kopfballstarke Spieler aufgeboten, wie Karl Heinz Riedle in Bremen oder Olaf Marschall in Kaiserslautern.

Gegenentwürfe zu diesen Ansätzen lieferten die Münchner Bayern in der ersten Hälfte der siebziger Jahre oder Arrigo Sacchi mit seiner erfolgreichen Milan-Elf der späten achtziger Jahre, die den Erfolg vor allem im Spiel durch die Mitte suchten. Auch ein ganzer Klub kann sich dauerhaft einen bestimmten Stil verordnen. Der Prototyp dafür ist Ajax Amsterdam, wo von den Jugend-Mannschaften an bei gleicher Systematik und Taktik ein typischer Ajax-Stil entwickelt werden soll. Christoph Daum wiederum hatte in Leverkusen den Spielmacher abgeschafft, eine zentrale Mittelfeldposition gibt es bei ihm nur in der Defensive. Volker Finke hält seine Torhüter an, auf weite Abschläge eher zu verzichten. Auch das ist eine taktische Entscheidung – das Spiel soll über Kurzpässe in die gegnerische Hälfte hineingetragen werden. Giovanni Trapattoni versuchte in seiner Zeit beim FC Bayern das genaue Gegenteil und forderte von Oliver Kahn möglichst weite Abschläge, weil er darauf setzte, den Ball dann in der gegnerischen Hälfte zu erobern.

Diese sehr unterschiedlichen Beispiele zeigen, dass Mannschaften, die auf dem Papier das gleiche System spielen, auf dem Platz ganz unterschiedlichen Fußball vorführen können. Über die genannten Beispiele hinaus gibt es unzählige einzelne Elemente, die den Stil von Mannschaften bestimmen. Weil es die Spieler sind, die zu den Protagonisten eines Stils werden, trägt schon die Zusammenstellung des Kaders viel zur Festlegung eines Stils bei. Setzt ein Trainer etwa vornehmlich auf Kämpfer mit begrenzter Ballfertigkeit, wird er auch mit größtem pädagogischen und psychologischen Geschick kein anspruchsvolles Kurzpassspiel durchsetzen können – vor allem aber wird er das auch gar nicht wollen. Die Teams, die der MSV Duisburg in der Ära des Trainers Friedhelm Funkel aufgeboten hat, sind für diesen Ärmelaufkrempel-Stil das trefflichste Beispiel. Das mag man, je nach Geschmack, als realistisch und den finanziellen Möglichkeiten eines Klubs angemessen oder als destruktiv und langweilig begreifen. Es zeigt jedenfalls, wie die Auswahl der Spieler den Rahmen für das taktische Konzept setzt, der dann den Stil einer Mannschaft bestimmt.

Vor einigen Jahren hat der Freiburger Trainer Volker Finke die Begriffe »Konzeptfußball« und »Heroenfußball« in die Debatte geworfen und dabei unbewusst ebenfalls Stilbeschreibungen vorgenommen. Finkes despektierliche Kategorisierung »Heroenfußball« galt damals dem Spiel von Borussia Dortmund, die mit einer relativ starren Interpretation des 3-5-2-Systems von Titel zu Titel eilte, indem sie sich ihre Spitzenposition im deutschen Fußball durch den Zukauf von individuell überragenden Spielern sicherte. Mit »Konzeptfußball« beschrieb Finke den Auftritt der Mannschaft von Ajax Amsterdam, gegen die Dortmund im Champions-League-Viertelfinale ausgeschieden war und wo – verkürzt gesagt – weniger der Einzelne das System, sondern mehr das System das Spiel des Einzelnen bestimmt.

Jenseits des 3-5-2-Systems oder der Positionierung eines Liberos vor der Abwehr drückt der Stil einer Mannschaft also auch eine Idee von Fußball aus. Ist er temperamentvoll oder unterkühlt, destruktiv oder kreativ, flexibel oder eher statisch, kämpferisch oder verspielt, elegant oder hölzern? Werden neue Wege versucht oder nur ausgetretene Pfade beschritten? Selbst Cesar Luis Menottis immer wieder herbeizitierter Entwurf vom linken Fußball ist in erster Linie ein flammendes Bekenntnis zu einem Fußball-Stil, dem eine Idee zugrunde liegt, bei der die Kreativität das Primat gegenüber der Destruktion hat und damit die Schönheit des Spiels gegenüber dem Sieg um jeden Preis.

Die Trainer sind die zentralen Figuren, wenn es um die Entwicklung eines Stils geht. Nicht zu Unrecht sind sie im Laufe der Jahrzehnte immer wichtiger geworden und ins Zentrum des Spiels vorgerückt. Die Ergebnisse der Sportwissenschaft fordern ein differenzierteres Training, die taktischen Formationen sind vielschichtiger geworden und müssen aufwendiger einstudiert werden. Und nicht zuletzt haben sich auch die gruppendynamischen Prozesse innerhalb von Spitzenmannschaften aufgrund des immensen Medieninteresses immer weiter verkompliziert. Der Trainer steht stets im Schnittpunkt all dieser Entwicklungen, er beschleunigt oder verlangsamt sie, er ersinnt neue Handlungsfäden und gibt alte auf – er ist im besten Fall der Autor des Spiels.

Das Publikum kann am Ergebnis seiner Arbeit, die sich im Spiel abbildet, einfach nur Spaß haben oder auch keinen. Es kann versuchen, das taktische Konzept zu durchschauen, mit dem versucht wird, die Spielidee durchzusetzen. Und manchmal wird der Trainer mit seinen Ideen das Publikum selbst auf neue Ideen bringen, er wird vielleicht alte Muster durchbrechen, wie die Fans das Spiel sehen und bewerten, und er wird damit den kulturellen Fortschritt des Fußballs nicht nur auf dem Spielfeld befördern.

Denn auch das Publikum prägt den Stil des Spiels. Fußballstile haben auch mit den sozialen und kulturellen Bedingungen und Traditionen vor Orten zu tun. Die Reaktionen der Zuschauer bei Fußballspielen in Schwarzafrika etwa unterscheiden sich von unseren ganz deutlich. Ein Befreiungsschlag per Fallrückzieher an der eigenen Strafraumgrenze oder ein Dribbling parallel zur Mittellinie begeistert dort die Fans, während Spieler hierzulande bestenfalls ein gnädiges Kopfschütteln oder ein Lächeln dafür ernten würden. Aber auch innerhalb Deutschlands gelten kulturelle Unterschiede. Ein Fußballkämpfer mit limitierten spielerischen Fähigkeiten hat es im Ruhrgebiet auch heute noch leichter als in Süddeutschland. Und umgekehrt läuft ein begnadeter Techniker, der schludrig arbeitet, in den Stadien von Gelsenkirchen und Dortmund immer noch mehr Gefahr, sich den Zorn der Anhänger zuzuziehen, als anderswo. Einerseits.

Andererseits stockte auch den Zuschauern im Gelsenkirchener Parkstadion der Atem, als eine wunderbar leichtfüßige holländische Nationalmannschaft sich ein halbes Jahr nach der Fußball-Weltmeisterschaft in Frankreich ein ums andere Mal durch eine unbeholfen wirkende deutsche Defensive kombinierte. Aber warum? Nur weil die niederländische Elf der deutschen meilenweit voraus schien? Oder vielleicht doch, weil Fußball gelegentlich so gespielt wird, dass er weit über ein einziges Spiel hinausweist, ja selbst über die Mannschaft, die ihn praktiziert. Weil plötzlich jeder spürt, dass da eine Form entwickelt wird, die ein Muster abgibt. Dass etwas Neues angefangen hat. Ein Stil gefunden ist, der – wie man in der Kunst sagen würde – einer Epoche ihr Gesicht gibt.

Im Grunde war der Abend in Gelsenkirchen ein halbes Jahr nach der Fußballweltmeisterschaft nur noch die Bestätigung dessen gewesen, was alle geahnt hatten. Die Zukunft hat im Gelsenkirchener Parkstadion nur noch einmal ihre Visitenkarte abgegeben. Mit Bedacht hatte sie ein halbes Jahr zuvor einen französischen Sommerabend gewählt, um zum ersten Mal ihr gegenwärtiges Gesicht zu zeigen. Nie hat sie sich kenntlicher gemacht, nie eindeutiger gezeigt als beim WM-Halbfinale zwischen Holland und Brasilien. Noch eine halbe Stunde nach der Partie waren Spieler beider Mannschaften auf dem Platz, gingen umher, unterhielten sich und wollten nicht einfach in den Kabinen verschwinden, weil auch sie wohl spürten, dass etwas passiert war. Das zeitgenössische Spiel hatte seinen Ausdruck gefunden.

Aber keine Angst, wir müssen jetzt nicht in Ehrfurcht erstarren. Was sich an diesem Abend ereignet hat, ist kein Wunder gewesen. Es ist wie jede kulturelle Äußerung aus den historischen Bedingungen erklärbar. Dass die Spieler beider Mannschaften – und insbesondere die Holländer – dazu eine Sternstunde ihres Fußballerlebens erwischt hatten, hat die Begegnung zum Zeichen werden lassen. Ein Zeichen, in dessen Bann die Holländer die Europameisterschaft im eigenen Land dann doch nicht zur Krönung ihres Spiels nutzten und anschließend gar die Weltmeisterschaft in Korea und Japan verpassten.

Trotzdem konnten wir die Zeichen an vielen Orten wieder erkennen. Und uns daran erinnern, dass sie uns auch vor jenem Spiel zwischen Brasilien und Holland schon begegnet waren. Beim Champions-League-Finale 1998 zwischen Juventus Turin und Real Madrid etwa. Ungefähr zu jener Zeit mehr als einmal auch im Ostsee-Stadion von Rostock, als Ewald Lienen dort noch Trainer war. Oder als Christoph Daum den Stil seiner Leverkusener Mannschaft von wuchtigem Kampfspiel in modernen Kombinationsfußball verwandelte und doch an einem schönen Sommertag des Jahres 1999 in Unterhaching die deutsche Meisterschaft verpasste. Als Ottmar Hitzfeld, wir werden später noch darüber sprechen, seinen Stil veränderte und nach Borussia Dortmund auch mit Bayern München die Champions League gewann. Oder auf irgendeinem Amateurfußballplatz, auf dem ein ganz und gar unbekanntes Team die ambitionierten Ideen seines genauso unbekannten Trainers umgesetzt hat.

Sicher ist aber, dass wir dieses Zeichen in den vergangenen Jahren im deutschen Fußball weniger gesehen haben als anderswo. Wenn seit der Weltmeisterschaft in Frankreich die Rede über Taktik und Systeme in der Öffentlichkeit beständig zugenommen hat, dann ist das auch Folge genau dieses Defizits. Der Taktik- und Systemdiskurs steht im Kern für die Sehnsucht nach einem anderen Stil. Und vielleicht ist sie so groß geworden, weil ihr Maßstab nicht mehr allein der Erfolg ist.

In Deutschland hat man sich immer wieder damit abgefunden, nicht schön zu spielen, aber zu gewinnen. »Schönspieler« konnte im deutschen Fußball-Sprachgebrauch ein gängiges Schimpfwort werden, und mit dem Begriff »brotlose

Kunst« versuchte man, bei jeder sich bietenden Gelegenheit das schönere Spiel madig zu machen. Bei der Weltmeisterschaft in Frankreich hat sich eine Idee von Fußball durchgesetzt, die Ästhetik mit Effizienz zu verbinden wusste. Deutschland hat dort den schlechteren Fußball gespielt und verloren, die anderen haben den besseren gespielt, der zugleich der schönere war, und gewonnen. Eine solche narzisstische Kränkung trifft doppelt. Wie tief das gehen kann, haben damals schon Sekunden nach dem Ausscheiden die grotesken Verschwörungstheorien von Bundestrainer Berti Vogts illustriert. In der Folge hat sich diese Kränkung in den manischen Neuanfangs-Wahn geflüchtet, der sein eindrucksvollstes Abbild im Berufungsspektakel um den Vogts-Nachfolger Erich Ribbeck fand. Seitdem ist jede Niederlage mehr als das, und jeder mühsam herausgekickte Sieg gegen zweitklassige Gegner ein Etappensieg auf dem Weg zurück in die Weltspitze. Eine Erfahrung, die nach der anfänglichen Euphorie um seine Amtsübernahme auch Ribbecks Nachfolger Rudi Völler machen musste.

Der Blick auf die Realitäten bleibt weitgehend vernebelt. Weder muss es Jahre dauern, bis auch die deutsche Auswahl wieder internationale Klasse besitzt, noch ist dieses System oder jene Taktik die Ultima Ratio des zeitgenössischen Spiels. Wenn wir den Gang durch die Geschichte der Fußballsysteme unternehmen, werden wir sehen, dass sich die Gewichte zwischen System, Taktik und Stil immer weiter verschoben haben. Es wird sich allerdings auch zeigen, dass Trainer unterschiedlicher Zeiten mit immer wieder ähnlichen Problemen konfrontiert waren und dabei zu durchaus ähnlichen Antworten kamen. So beschäftigte schon Sepp Herberger die Frage der Überzahlbildung in Ballnähe wie den Weltmeister-Trainer Aime Jacquet. Und Hennes Weisweiler war mit seinem Mönchengladbacher Konterfußball der frühen siebziger Jahre einem Herbert Chapman aus dem London der zwanziger

Jahre vielleicht näher als manchem seiner Zeitgenossen, weil sein Stil von ähnlichen Überlegungen dominiert wurde wie der Chapmans. Davor musste allerdings zunächst einmal der Umgang mit dem Ball gelernt werden.

Vom Nullpunkt des Spiels

*Vom Haufen zur Mannschaft und die Lehre
von der Kombination*

Ein staubiges Durcheinander war es und ein verwuseltes Knäuel von Männern in kurzen Hosen. Die Anfänge des Fußballs im letzten Jahrhundert können wir heute am ehesten nachvollziehen, wenn wir Kindern bei ihren ersten Versuchen am Ball zusehen. Da ist zunächst die schlichte Freude darüber, den Ball hoch und weit durch die Gegend zu kicken. Dieses bescheidene Vergnügen aber hält nicht lange vor, bald schon beginnt der Ball den Befehlen des Fußes zu gehorchen. So erobert sich der kleine Fußballspieler langsam die Art und Weise,

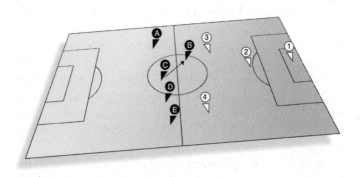

Abbildung 2: Erste Abseitsregel 1863
B ist abseits, weil er sich vor dem Ball befindet, der nicht nach vorne gepasst werden darf.

wie man einen Ball stoppt, führt und wie man damit dribbelt. Und all die anderen Kinder drängen sich auf der Wiese oder dem Garagenhof ebenfalls um den Ball. Am liebsten würde ihn niemand hergeben, aber irgendwann entsteht aus dem egoistischen Gebolze ein gemeinsames Spiel mit den anderen.

Die ersten, staksigen Schritte zu Beginn der Geschichte des Fußballs verliefen so ähnlich, lagen aber im Schatten eines anderen Spiels: Rugby. Wo bei mittelalterlichen Raufspielen noch Hunderte von Teilnehmern versucht hatten, eine Schweinsblase von einem Stadttor zum nächsten zu spielen, versuchte Rugby im ersten Viertel des 19. Jahrhunderts, die Rauheit und Brutalität dieser Volksspiele in einem Regelwerk zu zähmen und mit dem eiförmigen Ball auf einem festgelegten Spielfeld mit begrenzter Zahl von Spielern auszutragen. 1823 wurden die ersten verbindlichen Regeln dieses Rugby Union Football kodifiziert, die ersten Regeln für Fußball genau vier Jahrzehnte später aufgeschrieben.

Zum damaligen Zeitpunkt war die Verwandtschaft zwischen Fußball und Rugby noch sehr eng. So durfte beim Fußball zwar, anders als beim Rugby, der Ball eigentlich nur mit dem Fuß gespielt werden. Eingeschränkt war dieses Verbot zunächst jedoch durch die »Fair-Catch-Regel«, nach der es den Spielern erlaubt ist, den Ball mit der Hand aus der Luft zu stoppen. Erst ab 1871 durfte nur noch der Torhüter Hand an den Ball legen, das allerdings noch in der gesamten eigenen Hälfte; erst ab 1912 ist dem Keeper das Handspiel nur noch im eigenen Strafraum gestattet.

Einem flüssigen Spiel stand jedoch die erste Abseitsregel im Weg. Demnach war jeder angreifende Spieler abseits, der sich vor dem Ball befand, damit waren nur Rück- und Querpässe erlaubt (Abbildung 2). Es stellte sich bald heraus, dass die so gefasste Abseitsregel einen Spielfluss fast unmöglich macht, weil das Führen des Balles mit dem Fuß ungleich schwieriger ist, als ihn, wie beim Rugby, mit der Hand nach vorne zu tragen. In diesem Zusammenhang sind auch die ersten Spielsysteme zu sehen, die diesen Namen eigentlich gar nicht verdienen. Die erste taktische Aufstellung war eine Art von 1-0-9-System, vor dem Torhüter standen ein Verteidiger und neun Angreifer. Die große Zahl von Stürmern bei nur einem Verteidiger war möglich, da angesichts der Abseitsregel sowieso kein geordnetes Angriffs- und Abwehrspiel möglich war.

Weil so aber auch kein Spiel in Gang kam, wurde die Abseitsregel bereits nach drei Jahren geändert. Nun war ein Angreifer nur noch dann abseits, wenn er im Moment der Ballabgabe weniger als drei Spieler der gegnerischen Mannschaft vor sich hatte (Abbildung 3). Zumindest Pässe nach vorne waren nun erlaubt, die daraus folgende erste taktische Revolution wurde vom Team des Wanderers FC vollzogen. Unter Anleitung ihres Starspielers und Trainers C. W. Alcock gewann die Mannschaft aus dem Nordosten Londons zwischen

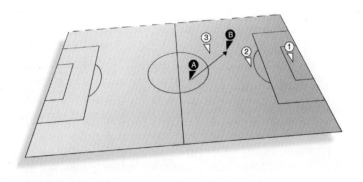

Abbildung 3: Abseitsregel von 1866 bis 1925
B ist abseits, da im Moment der Ballabgabe drei gegnerische Spieler der eigenen Torlinie näher sein müssen.

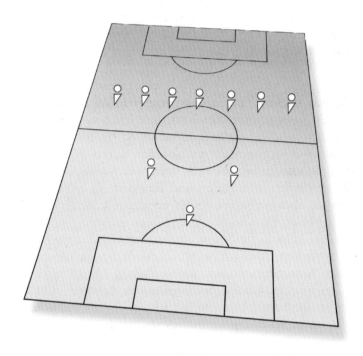

Abbildung 4: Das 1-2-7-System
Nach dem 1-0-9-System eines der Spielsysteme der Frühzeit des Fußballs, in dem sich ein Verteidiger, zwei Mittelfeldspieler und sieben Angreifer positionieren.

1872 und 1878 fünfmal den englischen Pokal. Alcock und seinen Wanderers verdanken wir eine erste Andeutung von Mittelfeldspiel, von den vorher neun Stürmern wurden nun zwei als Läufer ins Mittelfeld zurückbeordert (Abbildungen 4 und 5). Die Erfolge der Wanderers hatten aber nicht nur mit dem Auffächern der Spieler in einem 1-2-7-System zu tun – offensichtlich verfügten sie auch über die besseren Einzelspieler. Auf jeden Fall erwarb sich R. W. S. Vidal schon damals den Beinamen »Prince of Dribblers«. Dazu schrieb C. W. Alcock, der 1903 das erste Fußball-Lehrbuch veröffentlichte: »In den frühen Tagen des Fußballs war Dribbeln das *summum bonum* der Ambition eines jeden Spielers.«

Das höchste Gut also war es, mit dem Ball am Fuß auf den Gegner loszulaufen. Mit einer differenzierten Taktik hatten die Spieler in den Anfängen des Fußballs wenig im Sinn. Sie standen noch am Beginn, die Möglichkeiten des Spiels zu verstehen. Um welche elementaren Fragen es dabei ging, wird anhand eines Zeitungsberichtes aus Österreich deutlich, in dem der Journalist Emil Reich über zwei Freundschaftsspiele einer Amateurmannschaft aus Oxford zu Ostern 1899 in Wien berichtet. Die Engländer spielten zu diesem Zeitpunkt bereits über drei Jahrzehnte Fußball, in der österreichischen Hauptstadt war das Spiel erst wenige Jahre zuvor angekommen: »Was man bisher hier betrieben hatte, war schlechtes und rechtes Handwerk oder Fußwerk. Man huldigte dem so genannten Kick-and-Rush-System, das man auch als Hurraspiel bezeichnen kann. Jeder glaubte sein Bestes zu tun, wenn er auf den Ball recht fest losdrosch, um ihn möglichst weit von sich fortzustoßen. Ob das Leder dadurch vom eigenen Tor weggebracht wurde, war weniger wichtig. Noch seltener war man darauf bedacht, den Ball einem Mitkämpfer zuzuspielen. Verteidiger stießen den Ball so weit es nur ging, erzeugten dabei so genannte ›Kerzen‹, das heißt, sie wirbelten ihn hoch in die Luft, was zwar bei den noch minder unterrich-

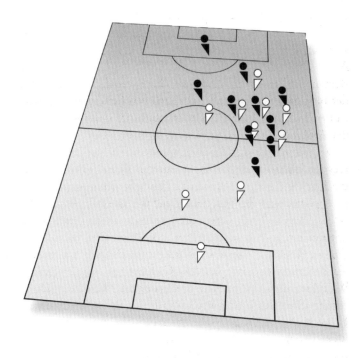

Abbildung 5: 1-2-7, wie es wirklich war
Die Wirklichkeit des 1-2-7-Systems war eine Ballung von Spielern, die sich darum balgten, mit dem Ball in Richtung Tor zu dribbeln.

teten Zuschauern Begeisterungsstürme erweckte, das eigene
Tor jedoch oft Gefahren aussetzte. Dann rempelte man fleißig
den Gegner, um ihn vom Ball dadurch zu trennen, dass man
ihn zu Fall brachte, und hatte man den Ball selbst, so lief man,
so rasch einen die Füße zu tragen vermochten, ins feindliche
Lager ohne Rücksicht auf die Zahl feindlicher Widersacher,
um, wenn es ging, aus entsprechender Entfernung aufs Goal
zu schießen oder noch öfter daneben. Einzelne Spieler hatten
sich bereits eine gewisse Balltechnik angeeignet und versuchten hie und da mit einem Partner eine gemeinsame Aktion,
aber von regelrechtem Zusammenspiel und von einem Kom-
binationsgedanken war gar nicht die Rede.«

So ähnlich mag es auch im England der frühen Jahre gewesen sein, als der »Prince of Dribbler« im Team der Wanderers
FC aufs Tor des Gegners loszog. Die Spieler hatten zu schießen gelernt und die Möglichkeiten des Dribblings erkannt.
Aber nicht nur darin waren die Engländer ihren staunenden
österreichischen Gastgebern im Jahr 1899 weit voraus, sie
führten ihnen auch den dritten Schritt der Fußball-Kunst vor:
das Zusammenspiel. Emil Reich berichtet, für welche Verblüf-
fung das sorgte: »Eine bloß aus deutschen Wienern zusam-
mengestellte Mannschaft wurde 15:0 abgefertigt, eine zweite,
in der Wiener Engländer mittaten, 13:1. Das Spiel der ›Oxo-
nians‹ wirkte wie eine Offenbarung. Die Zuschauer standen
mit offenen Mündern da. Das Kombinationsspiel, bei dem
der Ball in langen flachen Schüssen von einem Oxforder zum
anderen wanderte, ohne dass die Gegner viele Minuten lang
dazu kamen, ihn auch nur zu berühren, und die vielen rasch
wechselnden Kombinationszüge, die den Mann, der einzugreifen hatte, immer am richtigen Ort fanden, zeigten, dass
Fußball mit Verstand und Überlegung gespielt werden müsse,
dass es nicht ein Ringen mit rohen Kräften, sondern einen
klug durchdachten Kampf bedeutete, in dem körperliche Ge-
schicklichkeit und Ausdauer einen Vorsprung sichern.«

Reich beschreibt, wie Fußball am Nullpunkt der Geschichte ausgesehen hat. Die österreichischen Mannschaften sind die naiven Wilden, die begeistert vor den Ball treten und vom Gegner aus Oxford mit den Grundformen der Zivilisation bekannt gemacht werden. Nicht anders als in Wien war zum Ende des 19. Jahrhunderts die Situation auch in Deutschland, wie sich Josef Frey, der Ehrenvorsitzende des Karlsruher FV, in der Klubgeschichte erinnert: »Im Frühjahr 1894 setzte nun unter Captain Coopers bewährter sachkundiger Leitung ein mächtiges Training ein; von ihm erfuhr die neue Mannschaft die bisher unbekannte Lehre von der Kombination.« Vorher dribbelte jeder für sich allein, die Mannschaftskameraden standen drum herum und hofften, einen abgeprallten Ball zu erwischen und es selbst mit einem Dribbling zu versuchen. Dieses Durcheinander war nun vorbei, es gab ein Mindestmaß von Organisation. Aus einem Haufen wurde eine Mannschaft.

Hennes Weisweiler hat die Entwicklung so beschrieben: »Mit der Verbesserung der Technik wurde der Spieler vom Ball frei, sah den Gegner und die Kameraden. Er erkannte bald, dass es viel leichter war, mit dem Mitspieler zusammen die Gegner in der Kombination auszuspielen und zum Torschuss zu kommen, als auf eigene Faust loszuziehen und seine Kraft in Zweikämpfen zu vergeuden.« Der Sportwissenschaftler und Fußballtrainer Branko Elsener schreibt über diese Evolution des Fußballs vom Schießen übers Dribbling zum Passspiel: »Durch diese neue Variante des Spiels mussten die Abwehrspieler versuchen, dem ballführenden Spieler den Ball abzunehmen. Daraus entwickelten sich die verschiedenen Techniken, die sich in der Art und Qualität der Ausführung vor allem unter zunehmendem Zeit- und Raumdruck – aufgrund erhöhter Dynamik – stets verbessert haben. Durch die Perfektionierung der technischen Elemente hat sich gleichzeitig die Taktik zu einem ganz wichtigen Bestandteil des

57

Fußballspiels entwickelt.« Oder, um es auf eine einfache Formel zu bringen: Je besser die Spieler ausgebildet sind, umso wichtiger werden die taktischen Elemente im Spiel. Eine Erkenntnis, die alle weiteren Entwicklungen des Fußballs bestimmen wird.

In Großbritannien waren aufgrund des zeitlichen Vorsprungs die nächsten Schritte schon wesentlich früher gemacht worden als auf dem Kontinent. »Die Tendenz ging natürlich dahin, zunächst einmal die Verteidigung zu stärken«, beschreibt C. W. Alcock diesen Prozess. Als treibende Kraft nennt er dabei die nordenglischen, vor allem aber die schottischen Teams. Bereits um 1870 entwickelte die schottische Mannschaft von Queens Park Glasgow das 2-2-6-System. Allerdings ist dabei nicht so sehr die systematische Aufstellung wichtig, sondern die Spielweise, die als »passing game« in die Geschichte eingegangen ist. Aufgrund ihres Pass- und Kombinationsspiels sind die Schotten ihren englischen Nachbarn in der Frühzeit des Spiels deutlich überlegen. So endet das erste Länderspiel gegen England in Glasgow zwar mit 0:0, aber zwischen 1872 und 1887 unterliegt die englische Auswahlmannschaft gegen Schottland in zehn Spielen teilweise sehr deutlich und siegt nur zweimal. »Die Erfahrung dieser Länderspiele war die beste Schule, die die Engländer haben konnten«, meint Alcock mit Blick auf das schottische Passspiel.

1885 legalisierte die englische Football Association den Berufsfußball, vier Jahre später wurde die Football League gegründet, die erste professionelle Fußball-Liga der Welt. Ihr erster Meister hieß Preston North End, »Die Unbesiegbaren« gewannen im ersten Jahr den Titel ohne Niederlage und dazu noch den Pokal. Preston spielte mit einer gegenüber dem schottischen 2-2-6-System erneut modifizierten Aufstellung.

Entwickelt worden war dieses Spielsystem (Abbildung 6) einige Jahre zuvor von den Royal Engineers, einer führenden

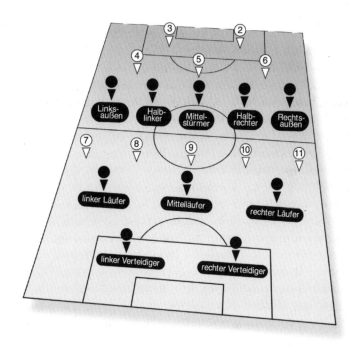

Abbildung 6: Das 2-3-5-System
Zwischen 1880 und Mitte der zwanziger Jahre dominierte diese Grundaufstellung den britischen Fußball – auf dem Kontinent noch länger, Österreich spielte selbst bei der Weltmeisterschaft 1954 noch so. Der Mittelläufer (5) ist Verbindungsspieler zwischen Abwehr und Angriff, er muss allerdings auch den Mittelstürmer (9) bewachen. Die Außenläufer (6 und 4) spielen gegen die Außenstürmer (7 und 11), die Verteidiger (2 und 3) gegen die Halbstürmer (8 und 10).

Amateur-Mannschaft, die 1875 auch den englischen Pokal gewann. »Die Schlüsselfigur im neuen System war der dritte Läufer. Er bedeutete eine Offenbarung für die Fußball-Taktik, und sein Erscheinen zog eine komplette Umstellung der Formation einer Mannschaft nach sich«, schreibt C. W. Alcock. Erneut war also ein Stürmer nach hinten beordert worden, innerhalb von nicht einmal drei Jahrzehnten hatte sich die Zahl der Angreifer von neun auf fünf fast halbiert. Die Mannschaften waren für Gegenangriffe zu anfällig geworden, wahrscheinlich auch weil sich unter Profibedingungen die Laufleistung erhöht hatte. Schon damals zeigt sich also, dass die körperlichen Voraussetzungen Rückwirkungen auf Taktik und Spielweise haben.

So blieben zwei Verteidiger fest in der Abwehr, eine besondere Rolle aber kam im so genannten 2-3-5-System dem Mittelläufer zu. Er hatte nicht nur den gegnerischen Mittelstürmer zu bewachen, sondern sollte auch noch das Angriffsspiel aus der eigenen Hälfte aufbauen – eine titanische Aufgabe für einen Spieler allein. »Der Mittelläufer braucht eine doppelte Qualifikation – Kapazität für die offensive und für die defensive Taktik. Während die beiden Außenläufer ihre spezielle Aufgabe darin haben, die Manöver der gegnerischen Außenstürmer zu kontrollieren und zu frustrieren, hat er nicht nur die Pflicht, die Kombination der gegnerischen Mannschaft zu unterbrechen, die vom gegnerischen Mittelstürmer dirigiert werden, er soll auch die eigenen Angreifer füttern. Also begegnet er dem Angriff mit einer Konterbewegung und spielt den Ball zum Außen-, zum Halbstürmer oder gar zum Mittelstürmer der eigenen Mannschaft, damit der Kampf so schnell wie möglich an einem anderen Ort stattfindet. Die Idee, nach der die Läufer oder die Verteidiger nur für Defensivaufgaben gebraucht werden, gilt nicht mehr. Die Läufer, besonders der im Zentrum, haben die verantwortungsvollste Position auf dem Platz«, schreibt C. W. Alcock in seinem Fußball-Lehrbuch.

Mit dem 2-3-5-System und dem Mittelläufer als Ahnvater aller Spielmacher werden die zarten Ansätze von Mittelfeldspiel deutlicher. Vorher war das Mittelfeld eine von den Spielern als freudlose aber unumgänglich zurückzulegende Strecke empfunden worden, nun wird der Raum zumindest ansatzweise mit Fußballspiel gefüllt. In dieser Phase des Fußballs, in den letzten beiden Dekaden des 19. Jahrhunderts, beginnt der Fußball unserem heutigen Spiel etwas ähnlicher zu werden. Die Spieler kombinieren nun untereinander, das Spielfeld wird besser ausgenutzt. Trotzdem gibt es noch einen grundlegenden Unterschied. Das »Pyramiden-System« oder »Offensive System«, wie das 2-3-5-System auch genannt wird, ist trotz fünf nomineller Stürmer nicht sehr offensiv. Das liegt aber weniger an System, Taktik oder Stil, sondern vielmehr an der Abseitsregel.

Drei Spieler müssen bei der Ballabgabe vor dem vordersten Angreifer stehen, das lädt zu einer relativ bequemen Abseitsfalle ein. Ein Spieler, der so genannte Standverteidiger, zieht sich etwas weiter zurück und behält den jeweils vordersten Angreifer im Auge, der Angriffsverteidiger positioniert sich in der Nähe der Mittellinie (Abbildung 7). Um sich die Folgen vorzustellen, sollte man an heutige Stürmer denken, die stets an der Abseitsgrenze spielen und auf einen Steilpass lauern. Das mögen damalige Angreifer auch getan haben, aber es stand immer noch ein Verteidiger zur Absicherung dahinter. Also sahen sich die Stürmer häufig zu Einzelaktionen und Rückpässen gezwungen. Eine freudlose Angelegenheit, das zeigt auch die Beschreibung von Hennes Weisweiler: »Mit Hilfe der alten Abseitsregel verstand es die hinten im Raum deckende Hintermannschaft, die Stürmer gleich hinter der Mittellinie abzufangen, obwohl meistens vier Deckungsspieler fünf Angreifern gegenüberstanden. Die alten Fußballer aus den zwanziger Jahren kennen den Verteidiger mit dem Taschentuch, der schließlich eine vollendete Zusammenarbeit mit dem Schiedsrichter entwickelte, um die Angreifer abseits zu stellen.« Steilpässe waren unter diesen Umständen fast unmöglich, der bespielbare Raum schob sich immer weiter zusammen, je mehr die Abseitsfalle perfektioniert wurde. Es zeigte sich, dass die Verteidiger gegenüber den Angreifern deutlich bevorzugt wurden. Schön anzusehen war das nicht, deshalb sollte es sich auch ändern – und damit der ganze Fußball.

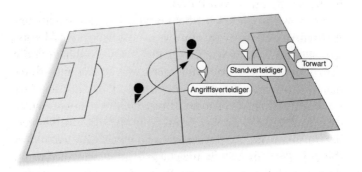

Abbildung 7: Abseitsfalle
Das zahlenmäßige Übergewicht des Angriffs gegenüber der Abwehr wurde bis zum Jahr 1925 durch die Abseitsregel kompensiert. Da beim Abspiel drei gegnerische Spieler vor dem vordersten Angreifer sein mussten, versuchte der Angriffsverteidiger eine Abseitsfalle, hatte dabei aber immer noch einen Standverteidiger zur Absicherung hinter sich.

Die zweite Geburt des Fußballs

Die neue Abseitsregel, Herbert Chapman
und das WM-System

Billy McCracken machte es endgültig unerträglich. Der Abwehrspieler von Newcastle United erlangte notorische Berühmtheit, indem er die Abseitsfalle perfektionierte. Immer wieder machte er mit erhobenem Arm einen Schritt nach vorne und ließ einen gegnerischen Angreifer ins Abseits laufen. Und pfiff der Schiedsrichter einmal nicht, war da immer noch ein Verteidigerkollege zur Absicherung. Drei Spieler bei der Ballabgabe vor dem vordersten Angreifer, das war zu viel für flüssigen, attraktiven Fußball.

Auf dem europäischen Kontinent und bei den englischen Amateurspielern hatte es keine Beschwerden über die Abseitsregel gegeben, aber die englischen Profivereine machten sie für die zunehmende Torflaute und den angeblich damit verbundenen Zuschauerrückgang verantwortlich. Da half es, dass nur der International Football Board, der im Rahmen einer demokratischen Gewaltentrennung außerhalb des Weltverbandes Fifa stand, die Regeln ändern durfte. Diese Institution gab es bereits, als die Fifa 1904 gegründet wurde; das Recht, dort mitzuberaten, war dem Weltverband erst 1913 eingeräumt worden. Den beiden Fifa-Vertretern standen je zwei Engländer, Schotten, Waliser und Iren gegenüber, sodass Regeländerungen zu jener Zeit eine fast rein britische Angelegenheit waren. Und weil auf der Insel das Geschäft in Gefahr war, musste eine neue Fassung der Abseitsregel her.

Verabschiedet wurde sie am 13. Juni 1925 in Paris, weitgehend in der Form, wie wir sie heute kennen (Abbildung 8). Ein neuer Abschnitt des Fußballs sollte beginnen. In der englischen Liga trat der gewünschte Effekt gleich ein, die Zahl der

Abbildung 8: Abseitsregel von 1925 bis heute
Nur zur Erinnerung: B ist nicht abseits, da bei der Ballabgabe zwei gegnerische Spieler zwischen ihm und der Torlinie sind. Beim Weiterspielen ist C allerdings abseits, da nur ein gegnerischer Spieler (hier der Torwart) vor ihm ist. Damit war die alte Abseitsfalle (siehe Abbildung 7) nicht mehr möglich.

geschossenen Tore stieg dramatisch: 1.700 Treffer mehr als im Vorjahr, eine Steigerung um fast 40 Prozent, wurden im Jahr eins nach der Regeländerung erzielt. Doch wurde, längerfristig gesehen, die Entwicklung zu einem defensiveren Fußball eingeleitet, verantwortlich dafür war der Engländer Herbert Chapman.

Chapman hatte, das unterschied ihn in den zwanziger Jahren von den meisten seiner Berufskollegen, selbst Fußball gespielt. Besonders erwähnenswert war seine Karriere bei Northampton Town und Leeds City nicht, obwohl er mit Northampton als Spielertrainer einen ersten Meistertitel gewann, den der unterklassigen Southern League. Große Erfolge als Trainer feierte Chapman hingegen bei Huddersfield Town. Mit dem kleinen Klub aus West-Yorkshire gewann er zwischen 1913 und 1925 drei Meistertitel und einmal den englischen Pokal. Danach, im Jahr der Änderung der Abseitsregel, wechselte er zum FC Arsenal nach London.

Zum damaligen Zeitpunkt wurden die Mannschaften zumeist noch von Klubdirektoren betreut, die ihre hauptsächliche Aufgabe darin sahen, Spieler zu kaufen oder zu verkaufen und bestenfalls noch für gute Laune im Team zu sorgen. Um die körperliche Fitness kümmerte sich ein Konditionstrainer, weitergehende taktische Überlegungen waren fast unbekannt. Unter diesen Umständen wurde Chapman zum ersten Trainer der Fußballgeschichte, der in etwa unserem heutigen Verständnis des Berufs entspricht. Er revolutionierte das Spiel, wobei er sich nicht als Romantiker erwies: »Es ist nicht länger nötig, gut zu spielen. Die Mannschaft muss ihre Tore schießen und gewinnen, egal wie. Das Maß für ihre Fähigkeiten ist ihre Position in der Tabelle.« Auch einen anderen Kernsatz haben nach ihm viele Kollegen auf der Trainerbank wiederholt: »Es ist mindestens genauso wichtig, dass wir unsere Gegner daran hindern, Tore zu schießen, wie selber welche zu erzielen.«

Und wirklich waren Chapmans taktische Neuerungen von der Defensive her gedacht. Die Mittelstürmer hatten, nachdem es die Fessel der alten Abseitsregel nicht mehr gab, ihre Torproduktion sprunghaft steigen lassen. Der berühmte Torrekord des Dixie Dean vom FC Everton, der es in der Saison 1927/28 auf 60 Tore in 39 Ligaspielen brachte, war direkt darauf zurückzuführen. Auch die Außenstürmer profitierten davon, dass sich beim Abspiel nur noch zwei und nicht mehr drei gegnerische Spieler zwischen Ball und Tor befinden mussten. Die beiden Verteidiger erwiesen sich unter den neuen Umständen als zunehmend überfordert.

Chapman zog daraus einen naheliegenden Schluss: Er erhöhte die Zahl der Verteidiger. Der Mittelläufer wurde aus dem Mittelfeld in die Defensive zurückgezogen und nun zum zentralen Verteidiger, zum Stopper. Zwar war es auch vorher schon seine Aufgabe gewesen, den gegnerischen Mittelstürmer zu bewachen, nun aber war sein Einsatz im Aufbauspiel nicht mehr gefragt. Um diesen Mangel in der Offensive auszugleichen, zog Chapman zwei seiner fünf Stürmer auf Halbpositionen zurück. In der Grundaufstellung ergaben sich daraus die Buchstaben W und M, die dem WM-System den Namen gaben (Abbildung 9).

Diese taktische Neuerung vollzog Chapman schon bald nach seiner Amtsübernahme bei Arsenal, kurz nach Änderung der Abseitsregel. Am Ende der Spielzeit wurde er mit einer Mannschaft Vizemeister, die im Vorjahr 20. der Tabelle gewesen und danach nur um einen Spieler verstärkt worden war. Doch Chapmans taktische Revolution bestand nicht einfach in der Umgruppierung der Spieler, für fast alle von ihnen ergaben sich neue Aufgabenstellungen. So rückten die beiden bisherigen Verteidiger nach außen, um sich um die Flügelstürmer zu kümmern. Die beiden Läufer mussten nun deutlich mehr Verbindungsarbeit im Mittelfeld leisten und waren zudem zur Bewachung der gegnerischen Halbstürmer abgestellt.

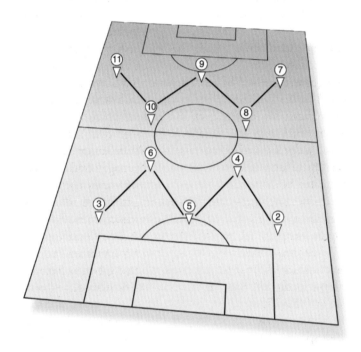

Abbildung 9: Das WM-System
Im Unterschied zum 2-3-5-System wird der Mittelläufer (5) fest in die Abwehr zurückbeordert, um den gegnerischen Mittelstürmer zu bewachen. Die beiden Verteidiger (2 und 3) werden zu Außenverteidigern, die in Manndeckung die gegnerischen Außenstürmer bewachen. Die Halbstürmer (8 und 10) werden ins Mittelfeld zurückgezogen und müssen sich mit den Läufern (4 und 6) auseinandersetzen. In der Grundaufstellung ergeben sich die Buchstaben »W« und »M«, die dem System den Namen gaben.

Besonders interessant ist, dass Chapman dazu eine Mischung aus Mann- und Raumdeckung entwickelte. Vor allem sollte der ins Deckungszentrum umgesetzte Mittelläufer dem gegnerischen Mittelstürmer nicht überallhin folgen, um keine zu großen Löcher vor dem Tor entstehen zu lassen. Trotzdem vollzieht sich mit dem Wechsel vom 2-3-5-System zum WM-System auch der von der Raum- zur Manndeckung. Die beiden Verteidiger des alten Systems hatten, geschützt durch die Abseitsregel, im Raum agiert. Im WM-System wird die Zuordnung nun klarer, denn einerseits ist die Zahl von Angreifern und Verteidigern nun ausgeglichen, andererseits halten alle Spieler ihre Positionen.

Hatte der Gegner den Strafraum von Arsenal erreicht, so durften Chapmans Spieler keine Pässe mehr zulassen. Die Verteidigung hatte die Räume zu verstellen, allerdings nicht komplett. Entgegen zeitgenössischer Annahmen sah Chapman die Gefahr vor allem durch die Mitte kommen: »Mir wurde vor nicht langer Zeit von einem Trainer erzählt, der seine Außenstürmer aufgefordert hat, bis auf fünf Meter zur Eckfahne zu laufen, bevor sie flanken. Das können sie von mir aus tun, denn dort verschwenden sie ihre Zeit und geben unseren Verteidigern die Gelegenheit, zurückzukommen und sich um die Innenstürmer zu kümmern.«

Den Kritikern einer vermeintlich zu defensiven Spielweise erwiderte Chapman: »Man braucht den Ball, um anzugreifen. Was ist also falsch daran, zurückzukommen und ihn sich zu holen.« Ein weiteres Motiv, warum Chapman auf eine starke Abwehr setzte, war die zunächst einmal verblüffend klingende Erkenntnis: »Eine Mannschaft kann zu lange angreifen.« Diese Erfahrung hatte Chapman 1907 aus einem Spiel mit Northampton mitgenommen. Damals unterlag seine Mannschaft gegen Norwich, obwohl sie das Spiel dominiert hatte. Unter dem Motto »Verteidigung ist die beste Weise anzugreifen«, wir kennen den Slogan meist umgedreht, entwickelte Chapman einen ersten Entwurf von Konterfußball. Für Sir Matt Busby, den späteren Meistertrainer von Manchester United, lag darin auch der Kern des Chapman-Stils. Matt Busby bemaß das vor allem an der »Zahl von Toren, die Arsenal direkt nach dem Erkämpfen des Balls erzielte. Sie waren der entscheidende Faktor für Arsenals Erfolg.«

Ein weiteres neues Element im Spiel war, dass sich die Außenstürmer verstärkt nach innen orientierten. Einerseits glaubte Chapmann eben nicht an Flankenläufe bis zur Eckfahne, andererseits hatte er seine Mannschaft insgesamt etwas in Konterstellung zurückgezogen, sodass er die Gefahr sah, es könne ihr an Angriffskraft fehlen. Die verstärkte und neu geordnete Defensive, die Orientierung auf Konterspiel wurde abgerundet durch eine weitere taktische Neuerung. Den als Stürmer verpflichteten Alex James ließ Chapman auf der halbrechten Position spielen, wobei James in Wirklichkeit die Freiheit hatte, sich über den ganzen Platz zu bewegen. Sir Matt Busby erinnerte sich später: »Über die heutigen Dirigenten im Mittelfeld wird gesprochen, als wären sie eine moderne Erfindung. In der großartigen Arsenal-Mannschaft der dreißiger Jahre war James der herausragende Spielmacher.«

Das typische Arsenal-Tor jener Meisterjahre unter Chapman, in denen das Team drei Meisterschaften gewann und einmal den FA-Cup, war ein vom Mittelläufer Herbie Roberts eroberter Ball, der ihn zu Alex James weiterspielte. Der Spielmacher leitete mit einem langen Flachpass weiter auf die Innenseite der gegnerischen Verteidiger zu einem der Außenstürmer, entweder Joe Hulme oder Cliff Bastin, die in die Mitte zurücklegten. Von dort aus verwandelte der nachrückende Mittelstürmer Jack Lambert, der jeweils andere Außenstürmer oder einer der Halbstürmer. Vor allem zügig sollte es dabei gehen, die ganze Aktion nicht länger als acht

Sekunden dauern. Denn Chapman war der Ansicht: »Je schneller man vor das Tor des Gegners kommt, desto weniger Hindernisse stellen sich einem in den Weg.«

Ob das WM-System als eine Art von taktischer Umräumaktion beschrieben wird oder als die Neuerfindung des Fußballs, die Spieler hielten es für überbewertet. Stürmer David Jack spottete: »In meinen Augen war es das Leichteste, WM zu spielen, denn es erforderte zwar ein Maximum an Geduld, aber ein Minimum an Phantasie und wenig Ausdauer.« Und Arsenal-Spielmacher Alex James meinte: »Glauben Sie nicht, dass wir unsere Spiele gewonnen haben, weil wir vorher eine Taktik geplant hatten.« Den ewigen Streit, ob Mannschaften wegen ihrer Taktik oder ihrer Spieler so erfolgreich sind, gab es auch damals schon.

Und wirklich spielten bei Arsenal auf fast jeder Position Nationalspieler, schließlich zögerte Chapmann nicht, für die damalige Zeit gigantische Summen auszugeben, um die Konkurrenz ihrer besten Spieler zu berauben und sein Team zu stärken. In den Zeitungen wurde Arsenal auch »Bank of England Club« genannt und beschuldigt, den Erfolg zu kaufen. Aber Chapmann kaufte nicht ziellos, sondern suchte auf hohem Niveau Spieler, die zu seinem System passten oder jung genug waren, um es zu erlernen. Der schon erwähnte Stopper Herbie Roberts war der Erste, der sozusagen passgerecht für die neu erfundene Position ausgebildet wurde.

Zu einer Zeit, in der fußballstrategische Überlegungen kaum eine Rolle spielten, hielt Herbert Chapman jeden Freitag eine Taktikbesprechung ab. Das gab es bei keinem anderen Klub in der englischen Profiliga. Angesichts solch offenkundigen Willens zur Innovation ist es nicht verwunderlich, dass er sich auch auf anderen Feldern als Visionär des Spiels erwies. Das zeigte sich nicht nur in Details, wie der von ihm entworfenen Magnettafel mit einem aufgezeichneten Fußballfeld, die bei seinen Taktikbesprechungen zum Einsatz kam.

Chapman verstand Fußball immer als ein Geschäft und sah seine Zuschauer als Kunden; die Umbenennung der U-Bahn-Station neben dem Highbury Stadion in *Arsenal* würde man heute als großartigen PR-Coup feiern. Chapman vermied es, in der Öffentlichkeit viel über seine taktischen Überlegungen zu reden. Er befürchtete, das Publikum könne das Gefühl bekommen, dass mit zu viel Planung und zu wenig Herz gespielt würde. Für die Öffentlichkeit sichtbar, experimentierte er lieber mit Rückennummern, damit die Spieler von den Rängen aus leichter unterschieden werden konnten. Und den Ball ließ er weiß anmalen, damit man ihn besser sehen konnte.

Internationale Kontakte hielt dieses Universalgenie des Fußballs für ausgesprochen wichtig. Bereits 1909 reiste Chapman mit Northampton zu einem Freundschaftsspiel (gegen den Club) nach Nürnberg. Er war der Meinung, dass ein internationaler Wettbewerb der Meister aus England, Frankreich, Italien oder Deutschland ein großer Erfolg sein würde, und sah eine große Zukunft für Spiele unter Flutlicht voraus. 1934 starb Chapmann überraschend im Alter von 61 Jahren, angeblich hatte der umtriebige Mann eine Erkältung nicht richtig auskuriert. Zu diesem Zeitpunkt kopierten bereits viele Mannschaften sein System. Eine Entwicklung, der Chapman gelassen gegenübergestanden hatte. Seinem Freund Hugo Meisl, dem Trainer der österreichischen Nationalmannschaft, die bald als *Wunderteam* gefeiert werden sollte, sagte er: »Schau, Hugo, es funktioniert. Ich warte einfach, bis es jeder kopiert hat, dann werde ich was Neues aufbringen.«

Mit Stil gegen England

*Österreichs Wunderteam, der Schalker Kreisel
und eine Taktik – als Kulturstreit*

Auf dem europäischen Kontinent begannen die Fußballnationen im Laufe der zwanziger Jahre, den ungeheuren Vorsprung des britischen Fußballs aufzuholen. In vielen Ländern wurde das Spiel nun auch von den Industriearbeitern entdeckt und damit zum Massensport, was sich in Italien, Frankreich, Österreich oder Deutschland in deutlich steigenden Zuschauerzahlen niederschlug. Das letzte deutsche Meisterschaftsendspiel vor dem Ersten Weltkrieg zwischen der Spielvereinigung Fürth und dem VfB Leipzig hatten 1914 gerade einmal 6.000 Zuschauer gesehen, zum ersten nach dem Krieg zwischen Fürth und dem 1. FC Nürnberg kamen 1920 in Frankfurt 35.000 Zuschauer.

Im Mutterland des Spiels distanzierte man sich in dieser Zeit des Aufbruchs vom nicht-britischen Fußball. 1920 verabschiedete sich der englische Verband sogar aus der Fifa, kehrte 1924 für vier Jahre zurück und blieb dann bis 1946 in der »splendid isolation«. Gegen Mannschaften vom Kontinent spielte das englische Nationalteam nur, wenn der Gegner als für würdig genug empfunden wurde. Dieses vielfach als arrogant empfundene Verhalten trug dazu bei, dass sich die kontinentalen Fußballnationen von ihren Vorbildern zu emanzipieren suchten.

Andererseits erfuhr der Fußball mit seiner Popularisierung im Laufe der zwanziger Jahre auch so etwas wie seine *Nationalisierung*. »Was Sie und Ihre Mannschaft für uns und den deutschen Sport erreicht haben, hätten zehn Diplomaten nicht geschafft«, sagte Nürnbergs Oberbürgermeister zum FCN-Mannschaftskapitän Heiner Stuhlfauth, nachdem die Mannschaft im Herbst 1928 bei Red Star Paris erfolgreich war. Ähnlich drückte sich auch der tschechoslowakische Außenminister Edvard Benes

72

aus: »Die Nation hat keine besseren Botschafter als die Klubs Slavia Prag und Sparta Prag.« Fußball war zur populärsten Sportart aufgestiegen, und die Politiker erkannten, dass diese emotionale Sportart auch nationale Gefühle transportieren kann.

Zu Beginn der zwanziger Jahre entsteht in Budapest, Prag und Wien eine Spielweise, die im Ausland *Donau-Fußball* genannt wird und sich in der Hauptstadt Österreichs zu besonderen Höhen aufschwingt. Dort vermischen sich im Fußball ungewöhnliche soziale und kulturelle Einflüsse. Die Spieler kommen zumeist aus den proletarischen Vierteln der Stadt, viele von ihnen sind Mitglieder ethnischer Minderheiten. Auf anderer Ebene kommen Elemente der Wiener Kaffeehauskultur hinzu; neben Literatur, Musik, Philosophie und Geschäft wird im Café auch Fußball verhandelt. Schriftsteller wie Alfred Polgar oder Friedrich Torberg beschäftigen sich mit den Leistungen der Spieler literarisch.

Polgar schreibt 1939 in seinem Nachruf auf Matthias Sindelar, den Protagonisten der Wiener Fußballblüte: »Er spielte Fußball, wie ein Meister Schach spielt: mit weiter gedanklicher Konzeption, Züge und Gegenzüge vorausberechnend, unter den Varianten stets die aussichtsreichste wählend, ein Fallensteller und Überrumpler ohnegleichen, unerschöpflich im Erfinden von Scheinangriffen, denen, nach der dem Gegner abgeluchsten Parade, erst der rechte und unwiderstehliche Angriff folgte. Er hatte sozusagen Geist in den Beinen, es fiel ihnen im Laufen eine Menge Überraschendes, Plötzliches ein, und Sindelars Schuss ins Tor traf wie eine glänzende Pointe, von der aus erst der meisterliche Aufbau der Geschichte, deren Krönung sie bildete, recht zu verstehen und würdigen war.« Hier wird der Fußballer als Künstler reklamiert, und Mathias Sindelar als König des österreichischen *Scheiberlspiel*. Der leichtfüßige und leichtgewichtige Spieler wird »Der Papierne« genannt, und Torberg dichtet über ihn: »Er spielte stets und kämpfte nie.«

Die österreichische Nationalmannschaft des jüdischen Trainers Hugo Meisl speist jedoch nicht allein den Mythos vom schönen Spiel, sie ist auch erfolgreich. Beim ersten Spiel jener Mannschaft, die bald *Wunderteam* genannt wird, besiegt Österreich am 16. Mai 1931 in Wien die schottische Elf mit 5:0 (Abbildung 10). Diesen Erfolg sieht sogar die nationalem Überschwang unverdächtige kommunistische *Arbeiterzeitung* als ein »Dokument wienerischen Schönheitssinnes, wienerischer Phantasie und wienerischer Begeisterung«. In den Monaten darauf siegt das Team, das im Grunde eine Wiener Stadtauswahl ist, mit 8:2 in der Schweiz, düpiert Deutschland in Berlin mit 6:0 und triumphiert endlich über den Nachbarn und ewigen Rivalen Ungarn mit 8:2. Insgesamt siegt Österreich in 15 von 18 Spielen der folgenden eineinhalb Jahre und spielt dreimal unentschieden. Schließlich gewinnt das Team als erste Mannschaft vom Kontinent auch den Respekt des englischen Publikums, als sie im Dezember 1932 nur sehr unglücklich mit 3:4 in London verliert. Damit ist der Höhepunkt erreicht. Zu einem Titel reicht es nicht, bei der Weltmeisterschaft 1934 in Italien unterliegt die Mannschaft im Spiel um Platz drei gegen Deutschland.

Hugo Meisl war ein persönlicher Freund von Herbert Chapman, ein Freund seines WM-Systems jedoch war er nicht. Zwar zog Meisl seinen Mittelläufer manchmal als dritten Spieler tief in die Abwehr zurück, aber mit dem rohen Ausputzer englischen Zuschnitts hatte das Spiel des Rapidlers Smistik auf dieser Position nichts zu tun. In England war es die Aufgabe des Mittelläufers, die Flanken möglichst weit wegzuköpfen und sich gefährlicher Bälle schnell und schnörkellos zu entledigen. Er galt als »Polizist« oder »Bodyguard«, der seine Mannschaft vorm gegnerischen Mittelstürmer beschützt, sonderlich viel Kreativität war bei dieser Aufgabe nicht gefragt. Das aber hätte nicht zum Mythos des *Wunderteams* gepasst, wo sich alle am schönen Kurzpassspiel beteiligen sollten. Dem mythenumrankten Sindelar kommt in diesem Zusammenhang erneut symbolische Bedeutung zu. Als spielstarker, leichtgewichtiger, fast zarter Spieler war er das genaue Gegenteil des englischen Mittelstürmers, der groß und schwer sein sollte – und sei es nur, um den Torhüter in der Luft ordentlich rempeln zu können.

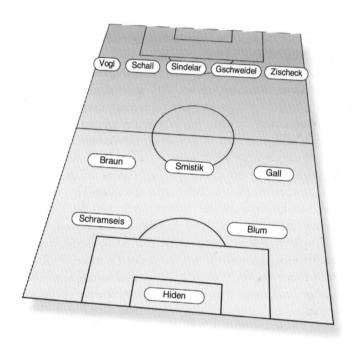

Abbildung 10: Das österreichische Wunderteam
Die Grundaufstellung des österreichischen Wunderteams, als dessen Erfolgsgeschichte am 16. Mai 1931 mit einem 5:0 gegen Schottland begann.

Schön war das Spiel des *Wunderteams*, und seine Siegesserie steigerte auch das Selbstbewusstsein der Fußballnationen auf dem Kontinent. Die Engländer hatten das Spiel nicht für sich gepachtet. Dazu kam, dass in Österreich (1924), der Tschechoslowakei (1925), Ungarn (1926), Italien (1927) und Frankreich (1931) professionelle Fußballligen eingeführt worden waren, womit sich auch ein internationaler Arbeitsmarkt für Spieler und Trainer ergab. Die französische Liga war dabei besonders offen für fremde Einflüsse, zwischen 1931 und 1939 kam in fast jeder Saison ein Drittel aller Spieler aus dem Ausland. Im ersten Jahr waren es vor allem Engländer, später Österreicher und Ungarn. Auch Rudi Hiden, der Torhüter des österreichischen *Wunderteams*, wechselte 1934 zum Racing Club Paris. Besonders beliebt waren in ganz Europa Trainer aus Österreich und Ungarn, die europaweit arbeiteten, 1938 stehen sie bei acht Klubs unter Vertrag, der Hälfte der französischen ersten Liga.

Während die Engländer sich vom Fußball im Rest der Welt abwandten, entstand durch Wettbewerbe wie die Olympischen Spiele, Weltmeisterschaften oder den Mitropa-Cup für Vereinsteams ohne sie eine neue sportliche Hierarchie. Besonders deutlich wurde der Bruch mit der anglophilen Tradition des Fußballs im faschistischen Italien vollzogen. Sogar das Wort *football* wurde Mitte der zwanziger Jahre durch das altitalienische *calcio* ersetzt. Auch die große Mannschaft jener Zeit, der Bologna Football Club, benannte sich in Bologna Sportiva um. Als »Team, das die Welt erschütterte« wurde in Italien diese Mannschaft gefeiert, die zwischen 1924 und 1941 sechs Meistertitel gewann. Als Bologna im Juni 1937 gegen den FC Chelsea den Pokal der Pariser Internationalen Ausstellung gewinnt, schreibt die italienische Zeitung *Il Resto del Carino*: »Dieser Sieg für Bologna ist auch ein großartiger Sieg für das faschistische Italien.« Dabei wird die politische Reklamierung sportlich begründet. »Einer der Mythen, der die

Sportlandschaft beherrscht hat, ist zerstört: der englische Fußball ist alt geworden. Wenn auch seine Technik noch immer bewundernswert ist, so ist er ineffizient geworden.« Dem, so heißt es unausgesprochen, kann nun ein eigener italienischer Fußball entgegengesetzt werden.

Das Bedürfnis, einen wieder erkennbaren Stil zu entwickeln, wird ideologisch verbrämt, und Fußball wird für die nationale Sache reklamiert, obwohl paradoxerweise gerade der italienische Stil besonders viel mit ausländischen Einflüssen zu tun hat. So kommen alle Trainer in Bolognas goldenen Jahren aus Österreich oder Ungarn, 1935 kommt die Mehrzahl der Trainer in der Serie A aus dem Ausland. Dazu werden viele Spieler aus Südamerika rekrutiert. Diese aus Argentinien, Brasilien oder Uruguay zugekauften Akteure feiert das faschistische Italien als »Rimpatriati«, als Heimkehrer. Die »Söhne des großen Italien« sind zumeist Nachkommen italienischer Auswanderer – oder werden dazu erklärt. Der größte Star von ihnen, Raimundo Orsi, wechselt 1928 für ein damals astronomisches Monatsgehalt von 8.000 Lira und einen neuen Fiat zu Juventus Turin.

Auch Luisito Monti, der für Argentinien im WM-Finale 1930 gespielt hatte, war italienischer Herkunft, wechselte nach Italien, nahm die italienische Staatsbürgerschaft an und wurde sogar mit der italienischen Nationalmannschaft 1934 Weltmeister. Dass mit Beginn der dreißiger Jahre auch in Italien der Mittelläufer defensiver spielt, hat mit diesem Spieler zu tun, der im argentinischen Nationalteam bereits ähnlich gespielt hatte.

Auf diese Weise entwickelt sich zu Beginn der dreißiger Jahre so etwas wie ein italienischer Stil, der sich aus unterschiedlichen Quellen speist. Da sind die mitteleuropäischen Trainer aus Wien und Budapest, die südamerikanischen Spieler aus Buenos Aires und Montevideo. Da sind die trockenen, harten Plätze des Südens, die Kurzpassspiel und intensives

Techniktraining erfordern. Und da ist der erklärte Wille, sich vom englischen Fußball abzugrenzen.

Das zugehörige Spiel-System wird von Vittorio Pozzo entwickelt, der Italiens Nationalmannschaft beim Gewinn der Weltmeisterschaft 1934 und 1938 betreut. *Metodo* – die Methode – heißt es. Mit Blick auf die Grundformation könnte man es auch WW-System nennen (Abbildung 11). Hinten wird die Grundaufstellung des 2-3-5-Systems beibehalten, wobei der Mittelläufer nicht so defensiv wie in England, aber auch weniger offensiv als in Österreich spielt. Vorne spielen die Halbstürmer sogar noch weiter zurückgezogen als im WM-System und sind mit zusätzlichen Abwehraufgaben betraut. Bei der Endrunde 1938 weitet Pozzo die Manndeckung, die vorher nur in Strafraumnähe gegolten hatte, auf das ganze Spielfeld aus. Über das schon erwähnte Spiel zwischen Bologna und Chelsea in Paris sagte René Dedieu, damals einer der erfolgreichsten französischen Trainer: »Die Engländer wandten das WM-System an, das sich dem System der Österreicher (also dem klassischen 2-3-5, d. A.) überlegen gezeigt hatte, aber gegen die italienische Metodo nutzlos war.«

Genau einen Monat vor dem Spiel in Paris kommt der FC Brentford zu einem Freundschaftsspiel nach Gelsenkirchen und unterliegt Schalke 04 mit 2:6. Der Sieg gegen den Erstligisten aus London, der allerdings entgegen häufiger Behauptung weder damals noch irgendwann sonst Englischer Meister war, sorgt in Deutschland für ähnliche Reaktionen wie Bolognas Sieg gegen Chelsea in Italien. Die *Gelsenkirchener Allgemeine Zeitung* schreibt, »dass der deutsche Fußball von seinen Lehrmeistern jenseits des Kanals viel gelernt hat und in der Auswertung der erhaltenen Lehre einen eigenen Stil geschaffen hat, der nicht nur schön anzusehen ist, sondern auch zu Erfolgen verhilft«.

Dabei hat es in Deutschland besonders lange gedauert, bis der Fußball Anschluss an die internationalen Entwicklungen findet. Das hatte auch damit zu tun, dass Deutschland nach dem Ersten Weltkrieg vom internationalen Sportverkehr teilweise ausgeschlossen war. Auch das Beharren auf den Amateurismus spielt eine Rolle. So beteiligen sich die deutschen

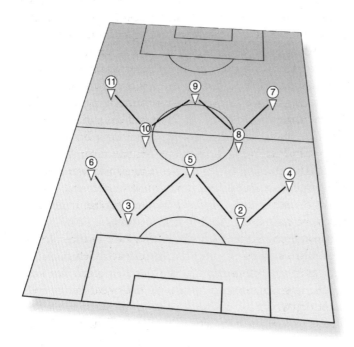

Abbildung 11: Metodo
Metodo ist eine Mischung aus 2-3-5-System und WM-System. Die beiden Verteidiger (2 und 3) sind relativ weit vor dem Strafraum postiert, die beiden weit zurückhängenden Halbstürmer (8 und 10) sind mit Abwehraufgaben betraut.

Vereine nicht am Mitropa-Cup, dem äußerst populären Vorläufer-Wettbewerb des Europapokals, in dem von 1927 bis 1939 die besten Klubmannschaften aus Österreich, Ungarn, Jugoslawien und der Tschechoslowakei, später auch Italien und Rumänien spielen. Weder deutsche Spieler noch Trainer sind so am internationalen Austausch sonderlich beteiligt.

Reichstrainer Otto Nerz jedoch bildet sich international eifrig fort, als begeisterter Fan des englischen Fußballs fährt er immer wieder auf die Insel. Die Einführung des WM-Systems in der deutschen Nationalmannschaft wagt er aber erst spät, und sie gerät zum Kuriosum. Im März 1934 kommt die englische Mannschaft von Derby County für vier Testspiele nach Deutschland. Das Team von Otto Nerz siegt zwar in der ersten Partie mit 5:2, die Zuschauer allerdings buhen die Mannschaft aus. Vor dem zweiten Spiel in Köln lässt Nerz daher einen Aufruf verbreiten, in dem er das Publikum um Geduld bittet: »Die Spieler der deutschen Elf haben strengste Anweisungen, nach einem bestimmten System zu handeln und sich auf keinen Fall durch andere Anordnungen oder Zurufe von draußen dieser gestellten Aufgabe zu entziehen. Insbesondere hat der Mittelläufer den strikten Befehl, jede Erfolgsmöglichkeit des gegnerischen Mittelstürmers zu unterbinden. Es ergeht daher an die Zuschauer die Bitte, von draußen Anordnungen und Zurufe wie ›Mittelläufer nach vorn‹ oder ›Halbstürmer nach vorn‹ zu unterlassen, weil die Spieler dadurch nur irritiert und von der Erfüllung der von ihnen verlangten Aufgabe abgehalten werden.« Die knurrigen Reaktionen des Publikums auf den zurückgezogenen Mittelläufer sind ein sicheres Zeichen dafür, dass fast zehn Jahre nach seiner Erfindung das WM-System für die Mehrzahl der deutschen Fußballfreunde eine Novität war.

Auch bei den Spielern muss Nerz Überzeugungsarbeit leisten. Fritz Szepan lehnt die Spielweise mit zurückgezogenem Mittelläufer zunächst als zu destruktiv ab, spielt bei der

WM 1934 in Italien schließlich dennoch auf dieser Position. Allerdings ist der technisch herausragende Szepan auf dieser Defensivposition verschenkt. Beim Spiel um Platz drei lenkt er das Offensivspiel der deutschen Mannschaft dann so, wie er es sich vorgestellt hat, von der Position des halblinken Stürmers. Reinhold Münzenberg gibt dafür den Stopper.

Mit seinem Schwager Ernst Kuzorra bestimmt Szepan auch die Taktik beim FC Schalke, der dominierenden deutschen Mannschaft der dreißiger und frühen vierziger Jahre. Das Kreiselspiel, das Markenzeichen der Schalker, ist aber kein Spielsystem, sondern der Stil des Teams. Der Kreisel bedeutet, dass Szepan, Kuzorra und ihre technisch guten Mitspieler in der Lage sind, den Ball ungewöhnlich lange in den eigenen Reihen laufen – eben kreiseln – zu lassen. »Und dann kommt der Steilpass«, sagt Ernst Kuzorra. So erkreiselt sich die aber auch wegen ihrer Kampfstärke gefürchtete Schalker Mannschaft zwischen 1934 und 1942 sechs deutsche Meistertitel.

Während das faschistische Italien einen nationalen Stil propagiert, der in Wirklichkeit ein internationaler ist, orientiert sich der deutsche Fußball im Gefolge seiner Nationalmannschaft auch während der Nazizeit am englischen. Auch Frankreich übernimmt das WM-System, als zu Beginn der dreißiger Jahre ein schottischer Nationaltrainer im Amt ist. Damit gibt es in Europa zwei Stilschulen, die sich im Juli 1937 in Amsterdam gegenüberstehen. Die Mannschaft Westeuropas setzt sich aus belgischen, französischen, holländischen und deutschen Spielern zusammen und spielt im WM-System. Die Mannschaft Mitteleuropas bilden tschechische, österreichische, ungarische und italienische Spieler. Erstmals ist die Stilgrenze zwischen Kombinationsspiel auf der einen und Kraftfußball auf der anderen Seite definiert, und sie wird bis weit in die fünfziger Jahre hinein gültig sein. Die Partie in Amsterdam gewinnt Zentraleuropa mit 3:1.

Aufbruch von den Positionen

*Wie die ungarische Mannschaft der fünfziger Jahre
das Korsett fester Positionen sprengt
und doch im entscheidenden Moment scheitert*

Die Entwicklung eines eigenen, kontinentalen Stils fand neben
Österreich auch in einem anderen Teil der ehemaligen K.u.k.-
Dynastie statt. In Ungarn, bereits zu Beginn der dreißiger Jahre
eine der stärksten Fußballnationen, beschäftigte man sich
ernsthaft mit dem neuen Fußball, der von Herbert Chapman in
London erfunden worden war. »Wir alle haben die Sportzei-
tungen gelesen, in denen teilweise sehr enthusiastisch über das
englische WM-System berichtet wurde. Ein ungarischer Journalist, Laszlo Feleki, verbrachte Monate in Highbury, um es
genau zu studieren. In Ungarn gab es eine heftige und weit reichende Auseinandersetzung darüber, einige Leute waren der
Ansicht, dass es nicht zum ungarischen Stil passte. Der große
Ferencvaros-Stürmer Gyorgy Sarosi sagte voraus, das Spiel
würde seine Schönheit verlieren, und es würde nur noch ums
Ergebnis gehen. Für die meisten unserer Klubs war es außerdem schwer, Spieler zu finden, die in das System passten, und
so regierte eine Zeit lang Konfusion. Und: Alle Stürmer waren
dagegen«, erinnerte sich Nandor Hidegkuti, der große Stratege
der ungarischen Nationalmannschaft der fünfziger Jahre.

Bereits in der Zwischenkriegszeit galten die Ungarn als Vertreter eines technisch anspruchsvollen Angriffsfußballs. Ungarische Trainer waren in Europa deshalb so beliebt, weil sie
Mannschaften eine offensive Spielweise beibringen konnten.
Nach dem Ende des Zweiten Weltkriegs setzte sich diese
eigene Entwicklung fort. Ausgangspunkt war Marton Bu-
kovi, der Trainer von MTK Budapest. Er unterstützte seine
Spieler, unter ihnen auch Hidegkuti, ständig darin, sich nicht

sklavisch an ihre Positionen zu halten, und wirkte damit indirekt bis in die Nationalmannschaft. 1950 übernahm Gusztav Sebes das Amt des Nationaltrainers, zwei Jahre später gewann Ungarn überlegen die Goldmedaille bei den Olympischen Spielen in Helsinki. Der taktische Clou dabei war, dass sich der Mittelstürmer oder ein anderer Angreifer ins Mittelfeld zurückfallen ließ, wie sich Nationaltorwart Grosics erinnert: »Wer auch immer in dieser tief liegenden Position war, hatte die ganze Mannschaftsstrategie von hinter dem Angriff aus zu koordinieren. Wir bemerkten bald, wie revolutionär diese Taktik war, weil niemand vorher wusste, was auf ihn zukam, und es dann alle sehr schwierig fanden, dagegen zu verteidigen.«

Unübersehbar wurde das 1953 beim legendären 6:3-Sieg der Ungarn in Wembley, Englands erste Heimniederlage gegen eine Mannschaft vom Kontinent. Mittelläufer Harry Johnston wusste während der gesamten 90 Minuten nicht, ob er die Abwehr verlassen und dem zurückhängenden Mittelstürmer Hidegkuti ins Mittelfeld folgen oder ob er hinten bleiben sollte (Abbildung 12). Am Ende machte Johnston weder das eine noch das andere und beschwerte sich nach Abpfiff: »Ich hatte niemanden zu decken.« Hidegkuti schoss drei Tore.

»Die Entwicklung des zurückhängenden Mittelstürmers – des 4-2-4-Systems mit Hidegkuti in der zentralen Rolle – war unser Meisterstück. Er war ein großartiger Spieler und konnte das Spiel wunderbar lesen. Er war perfekt in dieser Rolle, wartete im vorderen Mittelfeld ab, spielte die tödlichen Pässe, riss die Abwehr mit seinen phantastischen Läufen auseinander und traf auch selbst. Wir hatten ein großartiges Verständnis für alles, was für das Spiel nötig war«, sagt sein Mannschaftskapitän Ferenc Puskas. Das Spiel der Ungarn basierte aber nicht auf dem Genie eines einzelnen Spielmachers, sondern auf den überragenden Fähigkeiten verschiedener Spieler, die Taktik zu beeinflussen, wie Verteidiger Jeno Buzansky meint: »Fünf oder zehn Minuten nach Anpfiff hatten wir meist erkannt, welche

Seite unseres Gegners schwächer war, wo seine verletzbaren Stellen waren. Diese Informationen wurden dann schnell von unseren ›Computern‹ verarbeitet – im wesentlichen Puskas, Bozsik und Hidegkuti –, und sie passten die Taktik der besonderen Situation an. Sofort reagierte das ganze Team auf die Änderungen. Wir haben nicht strikt an einem vorher gefassten Plan festgehalten. Es war unser Glück, dass wir so gute Computer hatten, so stark und schnell wie niemand anders.«

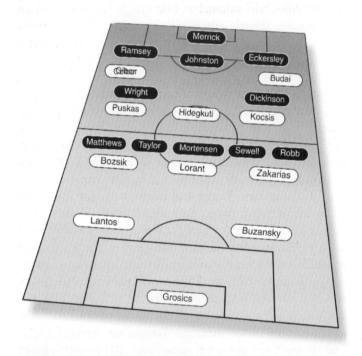

Abbildung 12: Ungarn in Wembley
Am 25. November 1953 verliert England zum ersten Mal gegen eine nichtbritische Mannschaft ein Heimspiel. Beim 3:6 bleibt vor allem für Mittelläufer Johnston ein Mirakel, wie er gegen den zurückgezogenen Mittelstürmer Hidegkuti spielen soll. Ihm ins Mittelfeld folgen und hinter sich Löcher lassen oder Hidegkuti aufspielen lassen?

Zentral für die ungarische Spielweise war die Aufgabe des festen Positionsspiels. Dazu muss man noch einmal daran erinnern, dass die meisten Teams jener Zeit ihr Spiel eher schematisch organisierten. Die Ordnung war so starr, dass die Ungarn in Wembley selbst durch eine etwas andere Verteilung der Rückennummern die Verwirrung noch steigerten. Es gab einen ungarischen Mittelläufer mit der Drei, während der Mann mit der Fünf, der »natürlichen Nummer« des Mittelläufers, im Mittelfeld auftauchte. Das mag sich heute komisch anhören, aber damals hatten solch kleine Verwirrspiele große Folgen. So ist es auch kein Wunder, dass ein Mittelstürmer, der sich nicht an seine Aufgabe hält, beim Gegner für größtes Durcheinander sorgen konnte. Während die Spieler der anderen Mannschaften also ihre Positionen konsequent hielten, hatte das ungarische Spiel bereits eine gewisse Flexibilität. Nandor Hidegkuti erinnert sich: »Obwohl wir alle sechs angreifen konnten, taten wir das nie auf einer Linie. Wenn ich vorstieß, ließ sich Puskas zurückfallen. Wenn Kocsis nach außen ging, kam Bozsik in die Mitte. Es war immer Platz da, um den Ball hineinzuspielen. Unser Außenverteidiger Buzansky kam auf dem Flügel nach vorne, wenn Budai nach innen zog. Niemand hat damals damit gerechnet, dass ein rechter Verteidiger und ein Rechtsaußen überlappend spielen. So war immer jemand frei, den man anspielen konnte. Manchmal kam Czibor sogar von Linksaußen zu Budai auf Rechtsaußen. Wir haben ständig die Positionen getauscht; wo wir beim Anstoß standen, war völlig irrelevant. Wir konzentrierten uns darauf, bei unseren Gegenspielern die maximale Verwirrung hervorzurufen.« Das gelang oft genug auf spektakuläre Art und Weise, wie nicht nur jener historische Sieg in Wembley zeigte. Die Revanche in Budapest gewann Ungarn mit 7:1.

Die taktische Innovation der Ungarn war eine, die von einer großen Generation Fußballspieler mit einer enormen Versammlung von Talent umgesetzt wurde. Anders als im WM-System mit seinen fünf defensiven und fünf offensiven Feldspielern boten die Ungarn eigentlich sechs Offensiv- und nur vier Defensivspieler auf, die sich gelegentlich eben auch noch ins Angriffsspiel einschalteten. Das bedeutete natürlich eine gelockerte Abwehr. Laut Nandor Hidegkuti beruhigten die Angreifer ihre Kollegen in der Abwehr manchmal: »Macht euch nichts draus, wenn ihr einen reinkriegt, wir schießen zwei.« Durch die offene Deckung wurde sogar die Spielweise von Torwart Gyula Grosics beeinflusst: »Das WM-System legte sehr großen Wert auf die Verteidigung und gab einem Torwart kaum die Möglichkeit, die Linie zu verlassen und ins Spiel direkt einzugreifen. Der neue ungarische Stil forderte nun das genaue Gegenteil, und ich musste mich auf die Anforderungen einstellen. Unsere große Stärke waren unsere brillanten Angreifer und eine total offensive Ausrichtung, was man schon an der Zahl der Tore sehen kann, die wir geschossen haben. Das bedeutete aber auch, dass unsere Verteidigung lockerer war als bei vielen anderen Mannschaften und den Gegnern mehr Möglichkeiten für Gegenangriffe einräumte. Es war Raum hinter unserer Abwehr, der gefüllt werden musste. Ich war teilweise eine Art von Extra-Ausputzer und habe vor dem Strafraum versucht, schneller an den Ball zu kommen als mein Gegenüber. Manchmal klappte es, manchmal nicht.«

Bei den vier Spielen auf dem Weg ins Finale der Weltmeisterschaft 1954 schoss die ungarische Mannschaft 27 Treffer, allein acht davon beim Vorrunden-Sieg gegen Deutschland. 32 Spiele lang hatte das Team vor dem WM-Finale nicht verloren und Fans in der ganzen Welt verzaubert. Allerdings ließ sich der deutsche Nationaltrainer Sepp Herberger dadurch nicht aus dem Konzept bringen. Deshalb hatte er seinen Mittelläufer Werner Liebrich angewiesen, sich nicht durch einen zurückgezogenen Mittelstürmer Hidegkuti ins Mittelfeld ziehen zu lassen. Liebrich bewachte im Endspiel von Bern den ungarischen Kapitän Ferenc Puskas, um Hidegkuti kümmerte sich Außenläufer Horst Eckel.

Schon 1953, als Herberger beim 6:3 der Ungarn im Wembley-Stadion gewesen war, hatte er zu Reisebegleiter Jupp Posipal gesagt: »Ich weiß, wie es geht.« Nachdem er im April 1954 noch einmal ein Spiel der Ungarn gesehen hatte, in Wien gegen Österreich, sagte er wiederum zu Posipal: »Die Abwehr ist anfällig.« Besonders auf der linken Seite, wo Bozsik eifrig nach vorne stieß, machte Herberger die entscheidenden Schwächen aus – und behielt Recht. Alle drei Tore seiner Mannschaft im Finale fielen über die linke ungarische Abwehrseite oder wurden von dort eingeleitet.

Dass die Ungarn das einzige Spiel verloren, das die Mannschaft nicht hätte verlieren dürfen, lag allerdings nicht am Spielsystem. Vielleicht war es Hybris und eine zu frühe 2:0-Führung, vielleicht lag es an der Verletzung von Puskas oder dem Irrtum des 8:3-Siegs in der Vorrunde. Gyula Lorant, der später als Trainer in Deutschland erfolgreich war, sagte: »Wir waren uns einfach zu sicher gewesen.«

Man mag heute darüber streiten, ob die Ungarn mit ihrem Spiel das 4-2-4-System vorwegnahmen, unbestritten aber haben sie das Spiel um die Idee bereichert, sich konsequent vom starren Beharren auf festgelegte Positionen zu verabschieden. Der ungarische Stil war prägend, wie auch Nandor Hidegkuti meint: »Unsere Taktik hatte einen enormen Einfluss, nicht nur in Europa, wo die Trainer von überall her kamen, um uns spielen zu sehen, sondern auch noch weiter weg.« Eine bei der Verbreitung des ungarischen Spielsystems besonders wichtige Rolle spielte Trainer Bela Guttmann, der ab 1956 in Brasilien beim FC São Paulo arbeitete. Ferenc Puskas meint: »Guttmann lehrte die Brasilianer eine Taktik, die für sie revolutionär war und ihrem Spiel eine zusätzliche Farbe gab. Ich weiß nicht, wie wichtig das in der weiteren Entwicklung des Spiels in Brasilien war, aber immerhin gewannen sie drei der vier folgenden Weltmeisterschaften.«

Die Mächte der Finsternis

Schweizer Riegel, Catenaccio und die Erfindung des Defensiv-Fußballs

Die Geschichte der Fußballsysteme war bis zum Ende der fünfziger Jahre eine der zunehmenden Defensive, eine der wachsenden Angst vor dem Gegentor. Die Zahl der Angreifer hatte stets abgenommen, aber noch fehlte die Entwicklung eines Fußballs, der sich in keiner Weise mehr für Schönheit und Spielfluss verantwortlich fühlte, der nur noch defensiv und zynisch war. Noch stand der Catenaccio bevor und die Geburt des Bösen im Fußball.

Karl Rappan war 1905 in Wien geboren und spielte in seiner Heimatstadt für Admira Wacker, für Rapid und Austria. 1931 wechselte er als Spielertrainer in die Schweiz, wo er zunächst vier Jahre bei Servette Genf und danach als Trainer erst die Grasshoppers Zürich, wieder Genf und am Ende den FC Zürich betreute. Bereits mit 33 Jahren coachte Rappan bei der Weltmeisterschaft 1938 in Frankreich nebenamtlich die Schweizer Nationalmannschaft, die für das sensationelle Ausscheiden der deutschen Auswahl sorgte und am Ende den fünften Rang belegte.

Während dieses Turniers führte das Schweizer Nationalteam den ersten »Schweizer Riegel«, damals manchmal auch »Rappan-Riegel« genannt, vor. Im Kern ging es Rappan darum, Schwächen seines Teams gegen spielerisch besser besetzte Mannschaften zu kompensieren. Dazu zog er einen seiner Außenläufer oder Halbstürmer zurück, der nun den Mittelstürmer zu bewachen hatte. Der Mittelläufer hingegen sicherte hinter den drei Verteidigern zusätzlich ab. Dafür rückte einer der Halbstürmer auf die Position des zurückgezogenen Außenläufers nach hinten – die Offensive war bewusst auf Kosten der Defensive geschwächt (Abbildung 13).

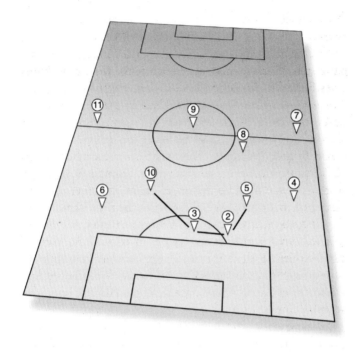

Abbildung 13: Schweizer Riegel
In dieser Variante des Riegels wird der halblinke Stürmer (10) tief in die eigene Hälfte zurückgeholt, die beiden Läufer (4, 6) sollen die gegnerischen Flügelstürmer bremsen. In der Mitte legen die beiden Verteidiger (2, 3), der Mittelläufer (5) und besagter Halbstürmer (10) den Riegel vor.

Diese Grundidee des Riegels modifizierte Rappan im Laufe der Jahre immer wieder, teilweise in Kombination mit Neuerungen im Angriffsspiel. Ähnlich wie Ungarns Nationaltrainer Sebes seinen Mittelstürmer Hidegkuti, ließ Rappan in der Nationalmannschaft Bickel zurückhängend spielen. Oder in Genf agierten seine Servette-Angreifer in einem Spielsystem, das »Tourbillon« (»Wirbelwind«) genannt wurde, in dem sie häufig die Positionen wechselten.

Die Idee des Riegels hinterließ Eindruck erst nach dem Zweiten Weltkrieg und dann besonders in Italien. Allerdings gibt es verschiedene Versionen darüber, wie er dort angekommen ist. Angeblich übernahm zunächst Alfredo Foni, der Trainer von Inter Mailand, das Defensivkonzept und gewann damit 1953 und 1954 die italienische Meisterschaft. Nach anderer Version griffen zuerst schwächere Teams aus kleineren Städten gegen die übermächtig besetzten Teams aus den Metropolen zur Möglichkeit eines zusätzlichen Verteidigers. So soll Nereo Rocco, Trainer in Triest und Padua, das System in der Provinz perfektioniert und es dann zum AC Mailand mitgenommen haben. Aber weder Foni noch Rocco, einer der Lehrmeister von Giovanni Trapattoni, sind die Namen, die sich mit dem *Catenaccio*, dem italienischen Riegel, verbinden (Abbildung 14).

Vielleicht fehlte es beiden an der geheimnisvollen Persönlichkeit und dem entsprechenden Image, um für den Fußball der Finsternis in Frage zu kommen. Helenio Herrera hingegen war in dieser Rolle die Idealbesetzung. »Alles Gerede von Schönspielerei oder Offensive ist nichts als Geschwätz«, war nur eine von vielen Entgegnungen auf die Vorwürfe, denen sich Herrera ständig ausgesetzt sah. Er war der Erste, der offensiv und selbstsicher alle ästhetischen Fragen dem Erfolg unterordnete. Herreras Fußball verabschiedete sich von der Idee, mehr Tore als der Gegner schießen zu wollen, um zu gewinnen. Erstmals war es Ziel des Spiels, einen Treffer weniger zuzulassen.

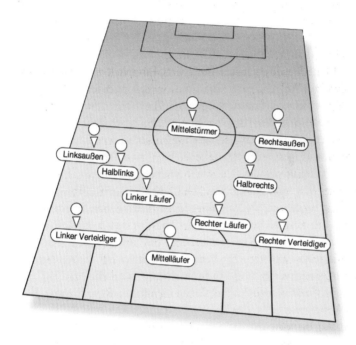

Abbildung 14: Catenaccio
Der Mittelläufer sichert hinter der Abwehr ab, die aus den beiden Außenverteidigern und den beiden Läufern besteht. Die Halbstürmer sichern davor, auch der Linksaußen ist weit zurückgezogen. Bei Ballbesitz stoßen wechselnde Spieler möglichst schnell vor.

Geboren wurde der Mann, den sie später auch »Sklaventreiber« nannten, 1916 als Kind spanischer Auswanderer in Buenos Aires; er wuchs in Marokko auf und wurde mit 18 Jahren Fußballprofi in Frankreich. Nach dem Zweiten Weltkrieg war der Kosmopolit Trainer bei spanischen und portugiesischen Klubs sowie französischer und spanischer Nationaltrainer. Seine ganz große Zeit aber begann 1960 bei Inter Mailand, wo er in den folgenden acht Jahren dreimal italienischer Meister wurde und zweimal den Europapokal der Landesmeister gewann.

Trotz Rappan und Schweizer Riegel nahm Herrera für sich in Anspruch, bereits als Spieler in Frankreich den freien Mann hinter der Abwehr erfunden zu haben: »15 Minuten vor Schluss lagen wir 1:0 vorne. Ich war linker Verteidiger, tippte dem linken Läufer auf die Schulter und sagte: ›Du übernimmst meine Position, und ich gehe hinter die Abwehr.‹ So habe ich schon als Spieler gedacht. Wir gewannen das Spiel, und als ich Trainer wurde, habe ich mich daran erinnert.« Das mag Teil der selbst gemachten Legendenbildung sein, illustriert aber Herreras Ansatz. Hinten wird dichtgemacht, um einen Vorsprung über die Zeit zu bringen.

Mailand wurde Anfang der sechziger Jahre zur Kapitale des Defensivfußballs. Bei Inter war Picchi Protagonist der Libero-Rolle, beim AC Mailand war es Cesare Maldini, der Vater von Paolo Maldini und bei der WM in Frankreich italienischer Nationalcoach. In sehr tief gestaffelten Mannschaften waren Picchi und Maldini die Verteidiger hinter der Abwehr, die keinen Gegenspieler in Manndeckung zu nehmen hatten wie ihre drei Verteidigerkollegen. Ihre Rolle sah aber nicht vor, dass sie sich elegant ins Aufbauspiel einschalteten. Die Vorstellung, die in Deutschland mit Franz Beckenbauer und der Rolle des Liberos verbunden wird, gab es zu dieser Zeit in Italien nicht. Der Libero konnte ein durchaus roher Gesell sein, der hinten nur die Bälle herausschlug.

»Der moderne Fußball wird von Verteidigern beherrscht, die eisern bei ihrem Mann bleiben und angreifen können«, hat Helenio Herrerea gesagt. Man muss ihm zugute halten, dass meistens nur der erste Teil dieser Aussage gehört wurde. Aus diesem Grund hat sich Herrera später auch gegen die Behauptung gewehrt, sein Fußball sei destruktiv und langweilig gewesen: »Catenaccio ist deshalb so stark kritisiert worden, weil er falsch benutzt worden ist. Bei mir mussten die Außenverteidiger mit angreifen.« Dadurch sei eine neue Dynamik ins Spiel gekommen, während seine zeitgenössischen Konkurrenten einfach nur die Zahl der Verteidiger erhöht und auf Angriff verzichtet hätten. Und tatsächlich ist Giacinto Facchetti aus Herreras Inter-Mannschaft zum Prototyp des stürmenden Verteidigers geworden. Der Held des *Catenaccio* war also weder ein bulliger Torjäger noch ein verträumt dribbelnder Außenstürmer oder ein phantasievolles Mittelfeldgenie. Der eisenharte Verteidiger mit der Fähigkeit, im rechten Moment für Gefahr vor dem gegnerischen Tor zu sorgen, prägte den Stil.

In West- und Nordeuropa ist die Konzeption des *Catenaccio* auf größten Widerwillen gestoßen. Bis zum Ende der achtziger Jahre, als Arrigo Sacchi beim AC Mailand den italienischen Fußball revolutionierte, hielt man ihn für torarm und unattraktiv. Lange galten die italienischen Vereinsteams als Vertreter einer zynischen Defensive, die von Herrera und seiner Inter-Mannschaft begründet worden war. Zu den Vorurteilen gehörte auch, dass *Catenaccio* mit Verstößen gegen den Geist des Fairplay verbunden ist. Die passenden Bilder dazu lieferten italienische Spieler, die sich minutenlang auf dem Rasen wälzten, um Zeit zu schinden. Dazu kam, dass die Triumphe Herreras stets von Bestechungsgerüchten überschattet waren. Gleichzeitig zelebrierte er sich als erster Weltstar seines Berufszweiges, kassierte entsprechende Gagen und gab sich gegenüber den Funktionären oder der Öffentlichkeit exzentrisch, gegenüber den Spielern mitunter grausam.

Während *Catenaccio* vielerorts als größtes Übel des Fußballs verstanden wurde, ist dieser Stil in Italien als durchaus identitätsbildend begriffen worden. Gianni Brera, einer der führenden italienischen Fußballjournalisten, hat ihn sogar als »Il gioco all' Italiana« verteidigt – als das italienische Spiel. In dieser Ansicht verbirgt sich der interessante Kontrast zwischen euphorischer Vorberichterstattung der Spiele in den Medien, der bombastischen Selbstinszenierung des Publikums in den Stadien auf der einen Seite und eines völlig rationalen Ergebnisfußballs auf der anderen, der sich auf dem Rasen dem Spektakel scheinbar verweigert.

Catenaccio ist im Laufe der Jahre von einem Begriff für das Spiel mit Ausputzer zu einem Symbol für defensiv orientierten Fußball geworden. Man könnte auch sagen, dass der *Catenaccio* von einer Taktik zu einem Stil geworden ist. Ottmar Hitzfeld etwa benutzt noch 1999 den Begriff »Super-Catenaccio«, um die Spielweise von Dynamo Kiew, dem Bayern-Gegner im Halbfinale der Champions League, zu beschreiben. Mit Herrera und dem *Catenaccio* war jedenfalls die Idee in der Welt, den Sieg nicht mit offenem Visier erreichen zu wollen, sondern dadurch, sich auf keinen Fall eine Blöße zu geben.

Erstaunlicherweise hat dieses Konzept seine Anhänger vor allem in Südeuropa und Lateinamerika gefunden. In den siebziger und achtziger Jahren gab es in Spanien sogar den Begriff des *futbol da muerte*. Dieser »Todesfußball« schloss das Spiel mit dem Stierkampf kurz und beinhaltete unglaublich brutale Attacken von Verteidigern gegenüber ihren Gegenspielern, die vom Publikum stürmisch bejubelt wurden. Das Europapokalfinale der Pokalsieger 1982, in dem der FC Barcelona gegen Standard Lüttich siegte, sorgte deshalb für einen regelrechten Schock bei internationalen Beobachtern. Ähnlich war es mit den Treibjagden gegen Maradona während seiner Zeit im Trikot des FC Barcelona. In diesen Zusammenhang passt auch das früher äußerst aggressive Auftreten der Nationalmannschaft Uruguays. Und immer noch agiert eine argentinische Nationalmannschaft, die heute mit einer Fünfer-Verteidigung aus Libero, zwei Manndeckern und zwei Außenverteidigern antritt, im Geist des *Catenaccio*.

Ein kurzes Wiedersehen mit dem *Catenaccio* hatte der deutsche Fußball, als Giovanni Trapattoni den FC Bayern München trainierte. Der Italiener steht eindeutig in der Tradition des italienischen Defensivfußballs, er ist mit dieser Spielweise als Spieler und Trainer groß und erfolgreich geworden. Zwar würde ihm niemand in München je ein böses Wort nachsagen, auch dem Publikum ist er als sympathisch radebrechender oder schimpfender Fußballweise in bester Erinnerung. Aber seinen von Sicherheit geprägten Fußball wollte am Ende niemand mehr sehen. Der große Respekt, den man Trapattoni trotzdem bekundet, hat mit seiner Arbeitsweise zu tun, die in einer anderen italienischen Tradition verwurzelt ist. Jeder Spieler erhält präzise taktische Schulungen; wie im American Football werden sogar einzelne Spielzüge einstudiert. Dahinter steht die Erkenntnis, dass Fußball ein strategisches und kein quasi naturwüchsiges Spiel ist und Erfolg mit entsprechendem Verhalten zu tun hat.

Helenio Herrera ist sicherlich der Vordenker des Defensiv- und Ergebnisfußballs gewesen, aber nicht etwa aus Boshaftigkeit oder Charakterschwäche. Er hat vor allem früher als andere erkannt, dass Fußball zu einem Geschäft geworden war, in dem vor allem der Erfolg zählte. Dementsprechend hat er sich verhalten und schuf über eine neue Taktik hinaus eine neue Betrachtung des Spiels. Die von Herrera damit indirekt ausgelöste Diskussion, in der leidenschaftlich darum gestritten wird, ob es im Fußball allein um den Erfolg oder nicht vielleicht doch auch um Schönheit und Freiheit geht, ist bis heute nicht abgeschlossen.

Südamerika und die Ankunft im Raum

Brasiliens 4-2-4 oder: vom System zum Stil

Es ist für uns heute selbstverständlich, Übertragungen von Fußballspielen aus aller Welt im Fernsehen zu sehen. Wenn Torhüter Chilavaert in der argentinischen Liga spektakuläre Freistoßtore erzielt, entgeht uns das so wenig wie den europäischen Klubs Talente in Südafrika oder dem Mittleren Osten. Die Entwicklung des internationalen Flugverkehrs, der Telekommunikation und die damit verbundene Globalisierung der Geschäftsbeziehungen haben dazu beigetragen, dass auch die Fußballwelt kleiner geworden ist. Veränderte Spielweisen und taktische Entwicklungen entstehen nicht mehr in der Abgeschiedenheit ferner Länder, sondern können gleich überall diskutiert werden.

Von daher ist heute der Effekt schwer nachvollziehbar, der eintrat, als im Sommer 1924 eine Auswahl von Fußballspielern mit dem Dampfer aus Uruguay kam, um an den Olympischen Spielen in Paris teilzunehmen – und alle Gegner an die Wand spielte. Weltmeisterschaften gab es damals noch nicht, und obwohl keine britische Mannschaft an diesem olympischen Fußballturnier teilnahm, hatte es durchaus die Wertigkeit einer Weltmeisterschaft. Die Mannschaft von Uruguay siegte gleich im ersten Spiel gegen Jugoslawien mit 7:0. Danach schlug das Team um José Andrade die USA mit 3:1 und den französischen Gastgeber mit 5:1. Dem 2:1 im Halbfinale gegen Holland folgte der Gewinn der Goldmedaille durch ein 3:0 gegen die Schweiz im Finale.

Der französische Journalist Gabriel Hanot, der später den Europapokal mitinitiierte, schrieb nach dem Endspiel in Paris: »Die herausragende Qualität der Gäste war ihre unglaubliche Virtuosität in der Ballannahme und beim Führen des Balles. Sie verfügen über eine so komplette Technik, dass sie auch die notwendige Zeit haben, sich nach Mitspielern umzuschauen. Sie stehen aber nicht nur und warten auf ein Anspiel, sie sind stets in Bewegung und setzen sich von ihren Gegenspielern ab, um leichter anspielbar zu sein. Die Uruguayer beherrschen die Kunst der Tricks und Finten fast bis zur Perfektion, aber sie können auch schnell und direkt spielen. Ihr Fußball ist schön und elegant, aber auch abwechslungsreich, zügig, kraftvoll und effektiv. Von diesen ausgezeichneten Athleten, die neben den englischen Profispielern wirken wie arabische Vollblüter im Vergleich zu Kaltblütern auf dem Bauernhof, wurden die Schweizer völlig aus dem Konzept gebracht.«

Europa hatte einen neuen Fußball erlebt, dessen spezielle Meisterschaft im perfekten Umgang mit dem Ball bestand. Aber noch ein anderes Element verblüffte den zeitgenössischen Beobachter, besonders das Spiel ohne Ball hatte es Hanot angetan. Die Spieler aus Uruguay boten sich an und wollten die Bälle in den Lauf gespielt bekommen, was die europäischen Mannschaften damals offensichtlich noch nicht praktizierten. In Südamerika hatte das Spiel eine eigene Farbe bekommen, und das Publikum in Europa war neugierig geworden. Nach dem Gewinn der Goldmedaille waren Spitzenmannschaften aus Uruguay, später auch Argentinien und Brasilien beliebt bei Gastspielreisen durch Europa, und mit der Gründung professioneller Ligen setzte in den dreißiger Jahren die Zuwanderung von Spielern aus Argentinien, Uruguay und Brasilien vor allem nach Frankreich, Spanien und Italien ein.

Obwohl es Einflüsse wie die schon beschriebene Übernahme des rein defensiv spielenden Mittelläufers aus Uruguay im italienischen Fußball gab, entwickelten sich der europäische und der südamerikanische Fußball lange unabhängig voneinander. Das änderte sich erst mit der Weltmeisterschaft

1958 in Schweden. Schon bei der Endrunde vier Jahre zuvor in der Schweiz hatten sowohl Brasilien als auch Titelverteidiger Uruguay die Reise nach Europa auf sich genommen. Sie scheiterten beide an Ungarn, Brasilien im Viertelfinale, Uruguay im Halbfinale, wobei sich die Ungarn besonders in dieser Partie von den Künsten der Gegner beeindruckt zeigten. Nach ihrem 4:2-Sieg in der Verlängerung bezeichneten sie das Team aus Uruguay als den stärksten Gegner ihrer langen Siegesserie.

Für den triumphalen Durchbruch des südamerikanischen Fußballs sorgten aber erst die Auftritte der Brasilianer bei der WM in Schweden. Sie hinterließen eine ähnliche Wirkung wie das Auftauchen Uruguays bei den Olympischen Spielen in Paris. So bilanzierte Dr. Friedebert Becker im *Kicker* nach dem Endspielsieg gegen Schweden völlig begeistert: »Die Brasilianer gaben uns den Glauben daran zurück, dass die Schönheit des Spiels nicht durch die Kassierer-Diktatur blinder Defensive getötet werden kann.« Dabei war das Spiel der brasilianischen Mannschaft für damalige Verhältnisse gar nicht übermäßig offensiv ausgerichtet. Eigentlich stand es sogar unter zwei widersprüchlichen Maximen: äußerste Sicherheit in der Verteidigung und maximale Unterstützung im Angriff. 4-2-4 hieß das neue System, das diesen Widerspruch auflösen und dem Spiel eine Form geben sollte. Denn ähnlich wie 34 Jahre zuvor beim Team aus Uruguay sahen die Experten auch bei den Brasilianern, dass ihre Klasse nicht allein aus den überragenden balltechnischen Fähigkeiten bestand. Dr. Willy Meisl, der Bruder von Hugo Meisl, dem Trainer des österreichischen *Wunderteams*, etwa beschrieb die Grundprinzipien des brasilianischen Defensivspiels so: »Statt wie früher die letzte Verteidigungslinie quer übers Feld zu ziehen, stellen sie diese seit langem gestaffelt, sodass hinter einem überspielten Verteidiger prompt der Stopper auftaucht und womöglich hinter diesem der andere Verteidiger. Das tiefe Defensivsystem ist zweifellos das richtige. Verschiedenartig bleibt bloß die Methode, mit der die verschiedenen Fußballstrategen den gleichen Effekt zu erreichen trachten.«

Was Meisl hier beschreibt, ist nichts anderes als eine Verteidigungsreihe, die im Raum spielt. Nilton Santos auf der linken Außenposition, die beiden Innenverteidiger Orlando und Bellini sowie Djalma Santos auf der rechten Außenposition spielen in einer Viererkette. Besonders begeistert ist Willy Meisl dabei von Mannschaftskapitän Nilson Santos und der offensiven Ausrichtung der brasilianischen Verteidigung: »Nilson Santos ist mit Hidoraldo Luis Bellini nicht weniger bereit, den Angriff vorzutreiben. Das beruht darauf, dass Bellini eben ein echter Mittelläufer und kein Stopper ist. Wie beim Riegel kann der Mittelläufer offensiv werden, die Außenläufer schieben sich im Bedarfsfall in die Verteidigung ein. Wenn Brasilien sich auf ›Sicherheit‹ einstellt – immer noch ein recht offensives Spiel –, dann kommen sogar die Stürmer oft zurück. Dann spielt Joel und nicht der taktisch und auch sonst völlig unbekümmerte Garrincha Rechtsaußen. Joel und Linksaußen Zagalo sind Flügel vom europäischen, ja, englischen Typ, die mit der Verteidigung engen Kontakt halten. Da hat Brasilien naturgemäß nur etwa drei Stürmer vorgeschoben, und auch das nur selten, denn sogar der große Didi, der Dirigent des Sturms, spielt hinter der Angriffskette.« (Abbildung 15)

Dass Mario Zagalo, der als Nationaltrainer mit Brasilien 1998 im Weltmeisterschafts-Finale scheiterte, in Brasilien immer umstritten war, lag auch an seiner Spielweise im Nationalteam von 1958. Einen hängenden Linksaußen, wie er ihn spielte, sahen nicht wenige Fans als Verrat am bedingungslosen Offensivspiel. So musste Zagalo immer mit dem Grundverdacht leben, im Grunde ein Defensivstratege zu sein. Dabei trug Zagalo in Wirklichkeit zu einer fürs Jahr 1958 ungeheuer modernen Spielauffassung bei, Brasilien variierte das Spielsystem zwischen einem 4-2-4, einem 4-3-3 oder gar einem 4-4-2, wenn Didi weit hinter den Spitzen agierte.

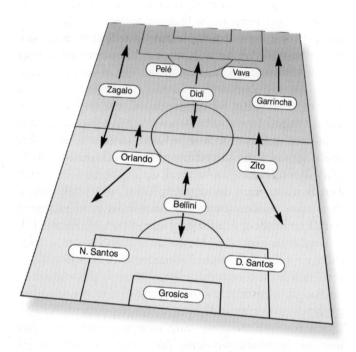

Abbildung 15: Brasilien 1958

Brasiliens System ist ein modifiziertes 2-3-5, wobei mit einem defensiveren Zagalo und dem zurückgezogenen Didi gelegentlich nur drei Spieler im Sturm spielten. Zito und Orlando ließen sich auf die Außenpositionen zurückfallen und fügten sich in eine in Raumdeckung spielende Abwehr ein.

Der besondere Kniff der brasilianischen Taktik aber war die Organisation der Defensive, wie Meisl enthusiastisch beschreibt: »Doch auch mit einem völlig offensiven Sturm, mit Garrincha und Pelé, steht die Hintermannschaft wie eine ständig verschiebbare (à la Riegel) Gummimauer. Die Läufer greifen ein, je nachdem, welche Flanke des Gegners den Angriff vorträgt. Vor dem durchgekommenen Spieler baut sich immer wieder einer der wieselflinken Brasilianer auf. Immer hat man den Eindruck, dass ein gut geöltes, aus genau ineinander gepassten Teilen bestehendes Gitter sich einschaltet, dass irgendwo unsichtbare Knöpfe gedrückt werden, dieses robotmäßige effektive, aber völlig individualisierte Verteidigungssystem funktionieren zu lassen.« Gitter, Knöpfe, Roboter, das sind ungewöhnliche Begriffe, um das Spiel lateinamerikanischer Mannschaften zu beschreiben, bei denen doch auch damals schon gerne auf ursprüngliches Talent und Instinkt abgehoben wurde. Was da beschrieben wird, könnte auch eine Mannschaft der neunziger Jahre meinen. Offensichtlich macht die brasilianische Mannschaft von 1958 nichts anderes, als zu verschieben, was ein Erkennungsmerkmal für modernen Fußball ist.

Aber die Brasilianer waren in Schweden sowieso weit entfernt von der häufig behaupteten ursprünglichen Natürlichkeit und Naivität. Sie kamen bestens vorbereitet. Der Teamarzt inspizierte 1957 einen Monat lang 25 Städte, um das richtige Mannschaftsquartier zu finden. Alle 33 Spieler, die in die Vorauswahl zur WM gekommen waren, wurden genau untersucht. 470 beschädigte Zähne wurden behandelt, 32 davon gezogen. Die meisten Spieler hatten Würmer oder andere Parasiten, viele litten an Anämie, und einer hatte Syphilis, doch in Schweden waren alle in körperlicher Bestform. Zum Stab der Nationalmannschaft gehörte auch ein Psychologe. Er führte mit allen WM-Kandidaten Tests durch, wobei Garrincha 38 von 123 möglichen Punkten erzielte – damit hätte er nicht einmal Auto fahren dürfen. Der Psychologe empfahl auch, Pelé nicht mitzunehmen: » Pelé ist offensichtlich infantil, es fehlt ihm am notwendigen Kampfgeist. Er ist zu jung, um Aggressionen wahrzunehmen und entsprechend darauf zu reagieren. Außerdem fehlt es ihm an dem Verantwortungsgefühl, das für Teamgeist notwendig ist.« Das war eine Fehleinschätzung, an die sich Trainer Vicente Feola auch nicht weiter hielt. Insgesamt aber präsentierte sich die brasilianische *Seleção* als erstaunlich professionelle Unternehmung, die moderner arbeitete als viele Konkurrenten – auch auf dem Spielfeld.

Allerdings verwundert es, dass die Brasilianer nur fünf Jahre nach dem Auftritt der Ungarn in Wembley, wo allein der zurückgezogen spielende Mittelstürmer Hidegkuti die Engländer in solche Verwirrung stürzte, ein so komplexes und für Europa offensichtlich völlig neues Defensivspiel zur Verfügung hatten. Dr. Becker schreibt darüber im *Kicker*: » Die Verteidiger deckten oft in einer Fünf-Mann-Kette, aber wie eine Ziehharmonika stülpte sich diese Kette aus, sobald Didi im Mittelfeld das Zeichen zum Angriff gab.« Offensichtlich beschreibt Dr. Becker hier noch ein weiteres Element des modernen Fußballs: das ballorientierte Spiel. Zweifelsohne war der Fußball hier am Wendepunkt von der Manndeckung zur Raumdeckung angekommen. Diese variable Spielweise im Raum setzte eine neue Art von Verteidigern voraus, die sich nicht nur auf einen Gegner orientierten, sondern schnell und beweglich waren, taktisch geschult, aufmerksam und gut am Ball. Und das zu einer Zeit, als die Verteidiger eher durch Kraft und Härte überzeugen wollten.

Die Welt hatte einen neuen Fußball erlebt, und das hatte eben nicht nur mit den unglaublichen Dribblings von Garrincha und den unglaublichen Fähigkeiten des Fußball-Mozarts Pelé zu tun. Dr. Friedebert Becker resümierte am Ende der Weltmeisterschaft 1958, dass die Welt des Fußballs sich in neuem Gesicht darstellte: »Alle taktischen Probleme sind im Fluss; das alte Schema der 2 (oder 3) Verteidiger, der 3 (oder 2) Läufer und der 5 Stürmer ist jetzt endgültig tot.« Die Brasilianer hatten das 2-3-5-System und das WM-System beerdigt, denn sie hatten der Fußballwelt eine neue Option für die Organisation von Verteidigungsreihen anzubieten: das Spiel im Raum. Mit der Veränderung der Abseitsregel 1925 und dem WM-System war der Fußball zur Manndeckung übergegangen, in Südamerika wurde die Raumdeckung wieder entdeckt.

Nun lagen die wesentlichen Elemente des modernen Fußballs bereit. Die Ungarn hatten gezeigt, wie man die starren Zuordnungen in der Offensive aufgibt, die Raumdeckung der Brasilianer lieferte das entsprechende Gegenstück für die Defensive. Alle grundlegenden Systeme waren vorhanden, von nun an galt es, mit den vorhandenen Materialien umzugehen. »In der Vielfalt der Systeme haben sich die Systeme mit der Zeit selbst entwertet. Sie sind vielfach zu leeren Zahlenformeln geworden«, schrieb der Schweizer Sportjournalist Walter Lutz über diese Entwicklung. Fortan sollte es um die Anwendungen der Systeme gehen, um ihre Interpretationen – um den Stil.

Total Football – die letzte Revolution

Fußball ganzheitlich, alle machen alles

Wenn Sir Alf Ramsey jene Mannschaft beschrieb, die er 1966 zum Gewinn der Weltmeisterschaft führte, benutzte er den Begriff »blend« – Mischung. Individuelle Fähigkeit war für den englischen Nationaltrainer nur da von Bedeutung, wo sie sich in das Gefüge einer Mannschaft einbinden ließ. Ramsey hatte relativ wenig Interesse an Schönheit und keines an Flair, er konzentrierte sich auf die maximale Effektivität von elf Spielern. Die von ihm favorisierte Spielweise entstand anhand des vorhandenen Personals: »Ich habe in den drei Jahren vor dem Turnier neun Mittelstürmer ausprobiert, aber ich wusste schon Monate, eigentlich Jahre vorher, dass Bobby Charlton bei der Weltmeisterschaft die Neun auf dem Rücken tragen würde.« Aber was wäre im Fall einer Verletzung oder Krankheit des designierten Mittelstürmer gewesen? Hätte Ramsey einen Spieler gewählt, der ihm möglichst ähnlich war? »Nein, denn es gab keinen«, sagte Ramsey.

Ohne Charlton hätte Sir Alf Ramsey also eine andere Mannschaft entworfen. »Er gab Spielern keinen Positionsnamen, er gab ihnen Jobs. In seinem Kopf hatte er eine Mannschaft in Bewegung, nicht eine von Namen auf dem Papier«, schreibt der englische Fußball-Autor Arthur Hopcraft. Ramsey stellte seine Mannschaft also in einer Art von dialektischem Prozess zusammen. »Leidenschaftslos gegenüber ihrem Erfolg oder Versagen beobachtet er einzelne Spieler, notiert ihre Stärken und ihre Schwächen, während er in seinem Kopf endlos neue Gesichter einbaut und aussortiert auf seiner Suche nach der Mischung«, notiert Hopcraft. Ramsey entwarf kein System, für das er die besten Spieler suchte, und nominierte auch nicht die besten Spieler, um sich dann auf die Suche nach einer passenden Spielordnung zu machen.

Und doch hatte Ramsey grundsätzliche Ansichten über System und Taktik gewonnen, aufgrund derer er diesen für einen Engländer so seltsamen Beitrag zur Geschichte des Fußballs leistete. Als »wing-less wonder«, Wunder ohne Flügelstürmer, bezeichnete die einheimische Presse die englische Nationalmannschaft. Im Land des Ahnvaters aller Außenstürmer, Sir Stanley Matthews, grenzte es fast an Blasphemie, als die englische Nationalmannschaft auf das in der heimischen Liga gepflegte Spezialistentum verzichtete. Ramsey war zu dem Schluss gekommen, dass die Gegner bei einer Weltmeisterschaft zu stark sein würden, um von Außenstürmern dominiert werden zu können. Er meinte das nicht nur mit Blick auf bestimmte Außenstürmer, sondern die Position an sich. Flügelstürmer nahmen damals quasi nicht am Spiel teil, wenn die eigene Mannschaft nicht in Ballbesitz war. Bei Mittelfeldspielern war das anders, sie arbeiteten an beiden Enden des Spielfelds. Also bot Ramsey mit Hurst und Hunt zwei variable Innenstürmer auf, Ball und Peters stießen aus dem Mittelfeld über die rechte beziehungsweise linke Seite vor. Im zentralen Mittelfeld agierte Stiles als freier Mann vor der Abwehr und Bobby Charlton als Spielmacher im Trikot des Mittelstürmers hinter den Spitzen (Abbildung 16). Damit hatte Ramsey den Grundentwurf für jenes 4-4-2-System entwickelt, das bis heute die Basis im englischen Fußball geblieben ist.

Die *Mischung*, auf die Sir Alf Ramsey so viel Wert gelegt hatte, spielt zweifellos in allen Mannschaften eine wichtige Rolle. Wie wir später noch sehen werden, heute sogar eine herausragende. Doch zugleich können einzelne Spieler Systeme entscheidend prägen oder gar Spielweisen erfinden. Vor Johan Cruyff, der 1964 bei Ajax Amsterdam und zwei Jahre später in der Nationalmannschaft debütierte, gab es den holländischen

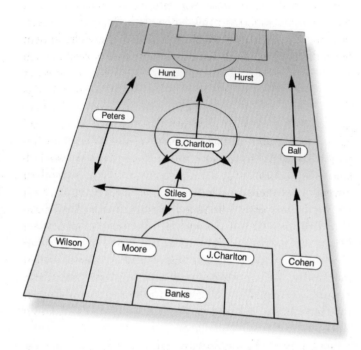

Abbildung 16: England 1966
Ohne nominell Flügelstürmer zu sein, stoßen Ball oder Peters aus dem Mittelfeld über die Außenbahnen vor. Stiles spielt als freier Mann vor der Abwehr. Im WM-Endspiel wird Spielmacher Bobby Charlton von Franz Beckenbauer aus dem Spiel genommen, zum Sieg reicht es für Deutschland trotzdem nicht.

Fußball fast nicht. Die Nationalmannschaft war international drittklassig, und holländische Vereinsmannschaften hatten im stets populärer werdenden Europapokal noch keine Erfolge verzeichnen können.

Ajax Amsterdam machte international erstmals im Herbst 1966 auf sich aufmerksam, als der englische Meister FC Liverpool mit 5:1 geschlagen wurde. Johan Cruyff erzielte in dem Spiel, das er bis heute als seine Lieblingspartie bezeichnet, ein Tor. Beim 2:2 im Rückspiel an der Anfield Road schoss er beide Tore für Ajax. Zweieinhalb Jahre später erreichte das Team um Johan Cruyff das Finale im Europapokal der Landesmeister, unterlag dort aber einem deutlich überlegenen AC Mailand, bei dem Karl-Heinz Schnellinger und Giovanni Trapattoni spielten. Den ersten Landesmeister-Titel für eine holländische Mannschaft gewann 1970 zwar nicht Ajax, sondern Feyenoord Rotterdam mit dem Trainer Ernst Happel. Doch im Jahr danach begann die Serie von drei Europapokal-Triumphen jenes Ajax-Teams, das auch den Kern des holländischen Nationalteams bei der Weltmeisterschaft 1974 stellte. Trainer der Nationalmannschaft war Rinus Michels, der zwischen 1965 und 1971 die große Zeit von Ajax eingeleitet hatte, dann zum FC Barcelona gewechselt und kurzfristig eingesprungen war, um Oranje während der Endrunde in Deutschland zu betreuen.

Für den englischen Fußballjournalisten Brian Glanville war die WM 1974 »die Weltmeisterschaft des totalen Fußballs«. Der Begriff *Total Football* ist in England so selbstverständlich gebräuchlich, dass sogar eine Zeitschrift danach benannt wurde. Ein gewisser Überschwang liegt darin, der vor allem vom flüssigen, eleganten Spiel der Holländer ausgelöst wurde. In Holland selbst sprach diese Spielweise von Ajax und später auch der Nationalmannschaft überraschend viele Künstler an. »Plötzlich ging es beim Fußball nicht mehr darum, dem anderen in die Beine zu treten. Man ging zu den Spielen von Ajax und kam mit dem Gefühl zurück, dass man etwas besonderes gesehen hatte. Wenn man mit anderen sprach, hatten sie es genauso erlebt. Es war fast etwas Spirituelles, zugleich schwierig zu fassen. Vielleicht ist es ein Sinn für Schönheit, der im holländischen Fußball mitschwingt. Diese Schönheit hat mit dem Raum und dem Spielfeld zu tun«, sagt der Bildhauer Jeroen Henneman heute und ergänzt: »Cruyff schien Fußball als eine komplette Bewegung auf dem gesamten Spielfeld zu sehen und nicht nur als eine individuelle Aktion, als ein Teil von ihr. Jeder läuft, um Raum für sich zu finden.«

Die Idee des *Total Football* in Holland war radikal und neu. Zunächst einmal bedeutete sie, dass es keine Spezialisten im hergebrachten Sinne mehr geben sollte. Also Verteidiger, die nur verteidigen, und Angreifer, die nur angreifen können. Im Idealfall sollten alle Spieler auf allen Positionen agieren können.

Zugleich bedeutet *Total Football* ein neues Konzept vom Raumverständnis im Fußball. »Niemand hat jemals seine Spielweise so abstrakt, so architektonisch angelegt wie die Holländer«, schreibt der britische Autor David Winner. Sie versuchten das Spielfeld je nach Bedarf groß oder klein zu machen. Das hört sich zunächst seltsam an, denn an den Abmessungen änderte sich selbstverständlich nichts. Aber im Fall eigener Angriffe positionierten sich die Spieler möglichst weit auseinander, um über viel Platz für ihre Angriffe zu verfügen. Hatte der Gegner den Ball, zogen sie sich nicht so weit zurück, wie man es gewohnt war. Einerseits bauten sie nur gut zehn Meter hinter der Mittellinie eine Abseitsfalle auf, auf der anderen Seite wurde der Gegner mit Pressing schon in der eigenen Hälfte systematisch attackiert. In dieser Raumökonomie erkennen wir deutlich den Beginn der Entwicklung zu jenem gleichsam verdichteten Spielfeld von heute.

»Unser Standpunkt war, dass wir nicht unser Tor verteidigen, sondern an der Mittelinie attackieren«, sagt der ehemalige Ajax-Spieler und Internationale Ruud Krol. Dabei ging es auch darum, Kraft zu sparen. Deshalb wurden während des Spiels die Positionen getauscht. »Wenn ich als Linksverteidiger nach vorne ging und die 70 Meter hätte sofort zurücklaufen müssen, wäre das sehr kraftraubend gewesen. So aber rückte der linke Mittelfeldspieler auf meine Position, der Linksaußen ins Mittelfeld zurück, und damit verkürzten sich die Entfernungen«, sagt Krol.

Diese Spielweise war anspruchsvoll und brauchte intelligente Spieler, die sich nicht nur auf einen Gegner, sondern auf das gesamte Spiel konzentrieren können. Niemand verstand das so gut zu spielen wie Johan Cruyff. Immer wieder sah man ihn, die Position seiner Mitspieler korrigieren und Laufwege anzeigen. Er war nicht nur im metaphorischen Sinne der Dirigent seiner Mannschaften, sondern sorgte wirklich für den richtigen Einsatz an der richtigen Stelle. »Cruyff hat immer darüber gesprochen, wohin seine Mitspieler laufen sollten, wo sie stehen und wann sie sich nicht bewegen sollten. Es ging immer darum Raum zu schaffen und in ihn hineinzukommen«, sagt sein ehemaliger Mitspieler Barry Hülshoff. »Diese fließende Spielweise ermöglicht größere Flexibilität und Mobilität auf dem Spielfeld und verwirrt den Gegner, der sein starres Deckungsschema kaum noch anwenden kann«, schrieb der englische Autor Desmond Morris über *Total Football*.

Bereits bei der WM 1970 konstatierten die Beobachter, dass die Spiele zunehmend im Mittelfeld entschieden würden, diese Entwicklung setzte sich bei allen Endrunden bis zum Ende der achtziger Jahre fort. Die in diesem Zusammenhang nötig werdende Mobilität und Flexibilität drückte sich bei der holländischen Nationalmannschaft von 1974 auch durch einen vor der Abwehr spielenden Libero Arie Haan aus. Und Johan Cruyff spielte, nominell auf der Position des Mittelstürmers, eine Art vorderen Spielmacher. »Vorher wurde auf rigide Art und Weise gespielt, in geraden Linien und festgelegten Positionen. Die holländische Vorgehensweise war davon grundsätzlich verschieden. Durch ihr Pressing und ihr Rotieren schufen sie einen Raum, den es vorher nicht gab«, sagte der englische Trainer Dave Sexton damals.

Geboren aus praktischen Überlegungen ergaben sich weit reichende Neuerungen für die Art, wie Fußball aufzufassen sein sollte. Auch in ästhetischer Hinsicht, wie man an den bereits erwähnten Reaktionen von Intellektuellen ablesen konnte. Fußball soll in Holland angriffslustig, unterhaltsam und schön sein. Der Sieg allein zählt nicht. Der Begriff *het totale voetbal* wird selten benutzt, er taucht aber in einem seltsamen Doppelgedicht des bekannten Fußballjournalisten Nico Scheepmaker auf. Seine beiden Teile halten sich streng an die Form des Sonetts, bestehen aber nur aus Namen von Spielern. Der erste Teil des Doppelgedichts ist »Het totale voetbal« überschrieben und nennt die Namen großer holländischer Spieler, der zweite Teil heißt grammatikalisch leicht unkorrekt »Das totale Fußball« und führt nur Namen deutscher Spieler auf. Die Botschaft ist leicht zu entschlüsseln, auf Deutsch assoziiert man mit »totalem Fußball« nur »totalen Krieg«, wo holländischer Fußball total modern und total attraktiv ist. Das ist natürlich polemisch, aber der Begriff »totaler Fußball« hat wohl auch aus diesem Grund in Deutschland nie Karriere gemacht. Zum gewünscht schönen Fußball der Holländer gab der deutsche Fußball mit seiner Fixierung auf Laufbereitschaft und unbedingte Willenskraft das ideale ideologische Pendant ab.

Vom *Total Football* der Holländer kam in Deutschland nicht sehr viel an, mit der allerdings bedeutenden Ausnahme des Liberospiels, wie es von Franz Beckenbauer verkörpert wurde. Cruyff hatte die Position des Mittelstürmers neu erfunden, Beckenbauer sorgte auf der anderen Seite des Spielfelds für eine taktische Revolution. Er orientierte sich dabei an

Giacinto Facchetti, den schon erwähnten Protagonisten von Herreras Riegelspiel bei Inter Mailand. Facchetti war der erste Außenverteidiger, der sich immer wieder ins Angriffspiel eingeschaltet hatte, und Beckenbauers nahe liegende Überlegung lautete: Wenn dies einem Außenverteidiger möglich sein sollte, warum nicht auch einem Innenverteidiger.

Aufgewachsen war Beckenbauer noch in der Welt der alten Fußballsysteme. In seiner ersten Autobiographie, die kurz nach der Weltmeisterschaft 1966 erschien und »Dirigent im Mittelfeld« hieß, berichtete Beckenbauer, dass er beim FC Bayern München seit dem letzten Spiel in der Aufstiegsrunde zur Bundesliga im Sommer 1964 »Mittelläufer« gespielt hatte. Im WM-Finale 1966 hingegen wurde er als defensiver Mittelfeldspieler gegen Bobby Charlton eingesetzt. Helmut Schön sah den jungen Beckenbauer zunächst eher als Mittelfeldspieler, während im Verein aus dem Mittelläufer ein Libero ganz eigener Prägung wurde.

Im Sommer 1968 listet der Kicker in seiner »Rangliste des deutschen Fußballs« den Münchner gleich zweimal auf. Als Innenverteidiger und als Mittelfeldspieler wurde Franz Beckenbauer mit dem Prädikat »Weltklasse« versehen. Bei der Südamerikareise des Nationalteams im Dezember des gleichen Jahres beschwerte sich der damals 23-Jährige erstmals öffentlich darüber, dass er im Mittelfeld spielen musste und Willi Schulz den Platz als Ausputzer besetzt hielt: »Ich möchte künftig nur noch ›Libero‹ in der Nationalelf spielen. Das, was Willi Schulz macht, ist kein moderner Fußball. Auch der freie Mann muss bereit sein, auf das Angriffsspiel seiner Mannschaft einzuwirken. Er hat sich selbst einzuschalten und seine Nebenleute nach vorne zu schicken.« Zumindest beim 2:2 in Rio de Janeiro gegen Brasilien gab es den Rollentausch. Beckenbauer durfte auf der Position des Ausputzers den Libero spielen, während Schulz zum Sonderbewacher von Pelé wurde. Dieses Spiel und ein weiteres wenige Tage später in Mexiko blieben nur ein Intermezzo, erst im April 1971, mit dem Ende der internationalen Karriere von Schulz und Schnellinger, rückte Beckenbauer auf seine Position.

Für das Spiel mit dem vom Ausputzer zum Libero geadelten Innenverteidiger hat Brian Glanville den schönen Begriff »dynamisches Catenaccio« geprägt. Alle Spieler waren noch weitgehend an ihrem Platz, der Libero sicherte auch nach hinten ab, nur spielte er fortan wesentlich dynamischer. Fast wie ein Mittelläufer alter Prägung agierte er als Verbindungsspieler zwischen Abwehr und Angriff. Franz Beckenbauer hat später erklärt, wie sehr er dabei von der taktischen Starrheit jener Zeit profitiert hat: »Ich konnte mit dem Ball am Fuß fünfzig oder sechzig Meter weit laufen. Niemand hielt mich auf, weil jeder Gegner einen Mann zu beschirmen hatte. Heute, wo jede Mannschaft Raumdeckung betreibt, das heißt alle paar Meter ein Gegner steht, könnte ich diese Märsche durchs Mittelfeld gar nicht mehr unternehmen. Ich käme bei diesen Läufen nicht weit, würde am dritten, spätestens am vierten Mann hängen bleiben.«

Für das deutsche Publikum führte das Spiel der Nationalmannschaft im Jahr 1972 zu einer Art fußballerischer Erleuchtung. Franz Beckenbauer brach aus der Abwehr auf und kam im Wechsel mit Günter Netzer aus der Tiefe des Raums. Die Youngster Paul Breitner und Uli Hoeneß jagten über den ganzen Platz, für einen Moment herrschte im deutschen Fußball kreativer Überschwang, ein Schwelgen im schönen Spiel. Die Spielweise von Beckenbauer und der Mannschaft, die 1972 Europameister wurde, war spielerisch leicht und damit undeutsch. Sie war aber sicherlich auch nicht völlig flexibel, nicht bereit zum Rotationsverfahren auf den Positionen, sie konnte nur schwer von der Manndeckung lassen; sie spielte bestenfalls halb-totalen Fußball. Aber es hätte ein Anfang sein können. Erstaunlicherweise begründeten aber weder Beckenbauer noch diese Mannschaft eine neue, andere deutsche Tradition. Schon der Gewinn der Weltmeisterschaft 1974 hatte bereits wieder eine schwerere, kämpferische Note und gilt fast überall außerhalb Deutschlands als nicht wirklich verdient.

Wo der deutsche Fußball nur einen kurzen Sommer des Aufbruchs erlebt hatte, blieben Johan Cruyff, Ajax und die holländische Nationalmannschaft den Prinzipien des totalen Fußballs treu. Andere entwickelten diese Traditionslinie für flexiblen und offensiven Fußball weiter. Auch die Mannschaften von Valeri Lobanowski, Dynamo Kiew in den frühen achtziger Jahren und die russische Nationalmannschaft in den späten Jahren des gleichen Jahrzehnts, gehören dazu, ebenso der französische Europameister von 1984, der AC Milan unter Arrigo Sacchi oder Johan Cruyffs Mannschaften in Amsterdam und Barcelona.

Besonders spektakulär war Sacchis AC Mailand. Ihr ganz großes Jahr hatte die Mannschaft 1989 mit dem Gewinn des Europapokals der Landesmeister. Nicht nur das überragende 4:0 im Finale von Barcelona gegen Steaua Bukarest ist dabei in Erinnerung, auch der Weg dorthin war torreich wie Jahrzehnte zuvor bei keiner anderen Mannschaft. So fügte Milan im Halbfinalrückspiel Real Madrid mit einem 5:0 die höchste Europapokal-Niederlage seiner Vereinsgeschichte zu. Schon beim Hinspiel in Bernabeu, das 1:1 endete, hatte Real 20 Minuten gebraucht, ehe die Mannschaft zum ersten Mal aufs Tor schoss.

Wie wir später noch sehen werden, entwickelte der AC Mailand eine Reihe von Stilmitteln, die heute als Erkennungsmerkmale modernen Fußballs gelten. Der Offensivschwung der Mannschaft um Marco van Basten, Ruud Gullit und Frank Rijkaard gründete sich zudem auf eine unerhörte Zweikampfstärke. Bei einer statistischen Auswertung der fünf Partien im Viertel- und Halbfinale sowie dem Endspiel des Europapokals 1989 ist das hohe technische Niveau der Abwehrspieler besonders auffallend. Während insgesamt 450

Spielminuten verloren sie nur in einem einzigen Fall beim Zweikampf im Spielaufbau den Ball. Auf der anderen Seite jagte Milan dem Gegner beim Spielaufbau 90 Mal den Ball ab. Dies war Folge eines perfekt gespielten Pressings, einer radikal interpretierten Abseitsfalle und – auch das gehörte dazu – kalkulierten Foulspiels. Die nach hinten gestaffelte Pärchenbildung auf den Außenseiten mit Tassotti und Colombo auf der rechten Seite sowie Maldini und Ancelotti/Evani auf der linken Seite sorgte dafür, dass die Mannschaft kaum ausgekontert werden konnte und fast kein gegnerisches Angriffsspiel über die Außenbahnen zuließ (Abbildung 17). In besagten fünf Partien kamen gerade einmal 16 Flanken vors Mailänder Tor.

Arrigo Sacchi berief sich bei seiner Arbeit auf das Vorbild der großen Mannschaft von Dynamo Kiew, die 1975 mit Oleg Blochin den Europapokal der Pokalsieger gewann. Schon damals saß der heute scheinbar regungslose Trainer-Buddha Valeri Lobanowski auf der Bank. »Es wird keine Revolutionen im Fußball mehr geben. Die letzte endete 1974, als Holland und Deutschland totalen Fußball zeigten. Heute entwickelt sich der Fußball langsam aber stetig. Man kann das verlangsamen, aber nicht aufhalten«, sagt Lobanowski.

1967 tat er sich mit dem Physik-Professor Anatoli Zelentsov zusammen, um, wie der meinte, »die Fußball-Wissenschaft zu begründen«. Intensiv betrieben sie sportwissenschaftliche Forschungen, Videoanalysen, psychologische Tests und kamen dabei zu solchen Erkenntnissen: »Wer im Spiel nicht mehr als 15% bis 18% Fehler begeht, ist unschlagbar.« Das Spiel wurde an den Ideen des Total Football weiterentwickelt: ständige Bewegung der Spieler, kollektive Aktionen der Spieler in hoher Geschwindigkeit, hohe individuelle Fähigkeiten, die aber nur auf der Basis von Zusammenspiel stattfinden. »Wir haben keine Mannschaft mit Stars, sondern wollen eine Star-Mannschaft schaffen«, sagt Lobanowski noch heute. Seine

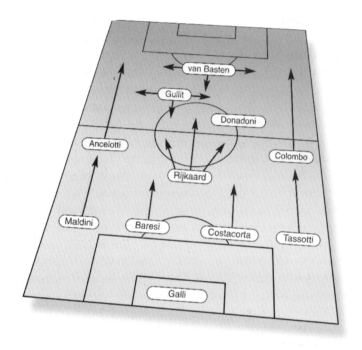

Abbildung 17: Mailand 1989
Maldini/Ancelotti und Tassotti/Colombo bilden die Pärchen auf den Bahnen. Die Viererkette in der Abwehr spielt häufig auf Abseits, Rijkaard ist ein zurückgezogener Spielmacher. Die Mannschaft arbeitet extrem mit Angriffspressing.

Utopie war es immer, dass alle Spieler wirklich alles spielen können: »Die Zukunft des Fußballs ist gekommen, wenn elf Alleskönner auf dem Platz stehen. Vielleicht passiert das in 100, vielleicht in 200 Jahren. Aber es wird passieren. Garantiert.« Verwirklicht sieht Lobanowskis das bei seinem größten Star unserer Tage. Der Wunderstürmer Andrej Schewtschenko sagt selbst über sich, dass er problemlos auch in der Abwehr spielen könnte.

Amsterdam-Kiew-Mailand sind nur die prägnantesten Stationen für einen ganzheitlichen Ansatz, Fußball zu spielen. Aber auch dort, wo solche Ideen nicht verfolgt wurden, konnten sich immer weniger Mannschaften Spieler in ihren Reihen erlauben, die mit sehr speziellen Fähigkeiten nur in seltenen Momenten des Spiels eingreifen konnten. So ging beispielsweise im Laufe der siebziger Jahre – damals scheinbar endgültig – das Zeitalter der Flügelstürmer zu Ende. Zwei Spieler vorne an der Seitenlinie, die alle zehn Minuten mit tollen Dribblings ins Spiel eingreifen, konnte keine Mannschaft mehr vertragen. So wurde die Zahl der Stürmer reduziert auf zwei, teilweise sogar nur einen Angreifer. Auf der anderen Seite wurden dadurch die Außenverteidiger alten Zuschnitts überflüssig – mit der Pointe, dass stürmende Außenverteidiger vom Zuschnitt eines Manfred Kaltz die Außenstürmer ersetzten und per Bananenflanke zu den neuen Flankengöttern wurden.

Bereits 1988, als Valeri Lobanowskis wunderbar spielende russische Nationalmannschaft bei der Europameisterschaft nur in Holland ihren Meister fand, sagte er: »Vor 15 Jahren wäre ein Team mit den elf besten Spielern der Welt unschlagbar gewesen, heute würde es kein Spiel gewinnen.« Nicht die Klasse des einzelnen Spielers ist mehr wichtig, sondern das Ineinandergreifen der Kräfte, die Zusammenarbeit. Fußball heute, das ist eigentlich immer totaler Fußball.

Der deutsche Sonderweg

Von der Weltspitze in die Sackgasse

Wenn der *Total Football* der siebziger Jahre die letzte wirkliche Revolution war, so wurde sie hierzulande weitgehend verpasst. Als Berti Vogts nach der missratenen Weltmeisterschaft 1998 mit der »ballorientierten Gegnerdeckung« reüssieren wollte, wurde er nicht nur vom Publikum, sondern auch von vielen Fachleuten verspottet. Das mochte daran gelegen haben, dass Vogts als Bundestrainer keinen Kredit mehr hatte. Es zeigte aber auch, dass Fußball in Deutschland immer noch in alten Mustern gedacht wurde.

Alte Muster? Ist das nicht rückwirkend negativ interpretiert, von den Abstürzen der Nationalmannschaft bei der letzten Welt- respektive Europameisterschaft aus gesehen? Haben deutsche Teams nicht die siebziger Jahre dominiert? Schaffte es die deutsche Nationalmannschaft nicht 1982, 1986 und 1990 ins Finale der Weltmeisterschaft, um in Italien den dritten Titel zu gewinnen. Wurde das Nationalteam nicht 1996 Europameister und gewann Borussia Dortmund nicht ein Jahr später die Champions League? Lassen wir uns also von dem verbreiteten Genörgel anstecken, dass deutsche Kicker zwar immer schon formidable Kampfmaschinen waren, aber keinen ansehnlichen Fußball spielten?

Der argentinische Meistertrainer Cesar Luis Menotti ist der Ansicht, dass sich niemand dafür schämen muss, wie hierzulande gespielt wurde: »Viele sagen, der deutsche Fußball würde nur durch Disziplin und harte Arbeit leben. Das stimmt nicht. Das große Ziel heißt gewinnen. Oder, um es philosophisch zu sehen: der Fußball wurde für das offensive Spiel geboren. Verräter sind die, die Tore verhindern wollen. Die Deutschen haben immer gewinnen wollen, da waren sie

Vorreiter.« Trotz dieses Freispruchs für den deutschen Fußball muss hier über alte Muster gesprochen werden. Denn als Wesen des Fußballs wurde in Deutschland in erster Linie der Kampf Mann gegen Mann begriffen – und wird es von vielen noch immer. Diese inzwischen grundfalsche Vorstellung ist durch ein System und seine taktische Interpretation ausgebildet worden, die im Prinzip und trotz kleinerer Variationen über einen großen Zeitraum hinweg Gültigkeit besaßen und an Klarheit nichts zu wünschen übrig ließen.

Der linke Verteidiger spielte gegen den Rechtsaußen, der rechte gegen den Linksaußen und der Vorstopper gegen den Mittelstürmer. Dazu kamen ein defensiver Mittelfeldspieler, der den Spielmacher in Manndeckung nahm; ein so genannter »Verbindungsspieler«, der sich in Defensive und Offensive einschaltete und dabei entweder sein Pendant beim Gegner verfolgte oder aber von ihm verfolgt wurde. Und, natürlich, Spielmacher, Linksaußen, Mittelstürmer, Rechtsaußen – die Akteure, deren einziges Augenmerk dem Offensivspiel galt. Es gab auf dem Platz also neun sich jeweils gegenseitig das Spiel schwer machende Pärchen, und ganz hinten noch einen Ausputzer, der helfen musste, wenn eine dieser Auseinandersetzungen zugunsten des gegnerischen Teams ausging.

Dass außerdem die Positionen relativ starr gehalten wurden, erhöhte neben diesem Mann-gegen-Mann-Spiel noch die Übersichtlichkeit für den Beobachter. An der Mittellinie endete für den Verteidiger im Regelfall der Fußballplatz, der Außenstürmer hatte die Seitenlinie als Anhaltspunkt für den Arbeitsbereich, den er nicht verlassen sollte. Wer vorne spielte, war selten hinten, und wer hinten spielte, selten vorne. Die Arbeitsteilung hatte in dieser Form des Spiels ihre höchste Ausformung erreicht. Die Bereiche, in denen sich die Spieler bewegten, waren klar festgelegt, und die Aufgaben, die sie dort zu erledigen hatten, entweder ganz klar defensiver oder eben offensiver Natur.

Nun mag man an dieser Stelle einwenden, dass dieses System vielleicht den Fußball der siebziger Jahre beschreibt, aber schon für das folgende Jahrzehnt nicht mehr galt. Doch selbst wenn die Außenverteidiger ihre Bananenflanken auf die Stirn der Kopfballungeheuer schnibbelten oder von Mittelfeldrennern mehr Spielwitz verlangt wurde, änderte sich die Wahrnehmung des Spiels wenig. Es blieb bei den eindeutigen Erklärungsmustern für Spielentwicklungen, Siege und Niederlagen: Hatte der Stürmer seinen Verteidiger sechsmal umdribbelt und dabei zwei Tore vorbereitet, dann schlich der Genarrte mit hängendem Kopf zum Duschen. Blieb der Angreifer auch im dritten Anlauf am Eisenfuß in der Defensive hängen, wusste man, dass nicht mehr viel zu erwarten war. Zog der Spielmacher nicht nur die Fäden, sondern ein ums andere Mal auch aus der zweiten Reihe ab, dann wurde der defensive Mittelfeldspieler in den Senkel gestellt. Und knallte der Mittelstürmer zum dritten Mal aus aussichtsreicher Position übers Tor, dann hatte er den ganzen Zweck seines Spiels verfehlt.

Die Welt des Fußballs hatte aus deutscher Perspektive eine klare Ordnung, und über sie entwickelten sich Wahrnehmungsmuster des Spiels, die selbst unsere Gegenwart noch bestimmen. Taktik und System spielten dabei eine untergeordnete Rolle und galten als Mumpitz verspinnerter »Professoren«. Fans, Medien und selbst die direkt Beteiligten fokussierten ihren Blick auf den Einzelspieler respektive den Ausgang seines Zweikampfs mit dem jeweiligen Kontrahenten. Der Blick auf den Mannschaftssport zerlegte damit das Spiel in viele einzelne Zweikämpfe. Aber nicht nur das: Er teilte die Fußballwelt auch in unten und oben.

Oben war dort, wo Flankengötter residierten oder Dribbel-Könige, wie Reinhard »Stan« Libuda, Siegfried Held und Jürgen Grabowski. Aber auch pfiffige Schlitzohren wie Willi »Ente« Lippens und Pierre Littbarski konnte man dort treffen.

Und natürlich die Spielmacher und Torjäger. Wolfgang Overath und Hansi Müller, Günter Netzer und Heinz Flohe, Gerd Müller und Karlheinz Rummenigge, Dieter Müller, Klaus Fischer und Jupp Heynckes. Alle eben, die sich mit niederen Abwehrarbeiten nicht abgeben mussten. Dafür waren die auf der Wertigkeitsskala weiter unten angesiedelten Akteure zuständig. Defensivspieler, die man zwar durchaus mit Respekt, aber letztlich doch wenig charmant »Eisenfuß« oder »Terrier« nannte. Oder Vorstopper, »kein Mensch, kein Tier, die Nummer vier«. Die Abwehrspieler waren die Malocher, die auf dem Platz die Drecksarbeit zu erledigen hatten – und sonst eigentlich nichts. Wie »Katsche« Schwarzenbeck, der in den siebziger Jahren als der tumbe Gehilfe galt, der Beckenbauer den Rücken freihielt. Oder Manndecker Guido Buchwald, der mit mindestens ebenso viel Spott wie Anerkennung »Diego« gerufen wurde, nachdem er bei der WM 1990 mit einem sehenswerten Dribbling ein wichtiges Tor gegen Holland vorbereitet hatte.

Für den wichtigen Verbindungsspieler, der meist die größte Laufarbeit im Team leistete, etablierte sich der despektierliche Begriff »Wasserträger«, der die Kehrseite der Medaille gleich mit zum Ausdruck bringt: Der Spielmacher erschien in der Außen- und oft genug auch in der Selbstwahrnehmung als eine Art Kolonialherr, als der Kultivierte unter den Ballbanausen und Halbgebildeten. Günter Netzer, vielleicht der Spielmacher unter den deutschen Spielmachern, hatte dieses ausgeprägte Hierarchiedenken auch viele Jahre nach seiner Karriere noch verinnerlicht. Gleichsam als Beleg entwarf er das wunderbar-hässliche Bild: »Herbert Wimmer war der Alltag, ich war der Sonntag.«

Eine fast schon groteske Pointe fand dieser Blick vom Feldherrenhügel in der späteren, feuilletonistischen Vereinnahmung Netzers als Versprechen auf einen besseren Fußball und damit eine bessere, weil freiere Gesellschaft. Während Netzers

Pässe etwa für den Feuilletonisten Helmut Böttiger »den Geist der Utopie atmeten«, konnte der Betrachter unschwer erkennen, dass sie ihre Basis in einem ausgeprägten Ich-da-oben-ihr-da-unten-Denken hatten. In einer strikten Trennung von Arbeit und Genie, von Knochenjobs und kreativen Tätigkeitsfeldern, von Untergebenen und Chefs, die sich konsequent auch in einem unterschiedlichen sozialen Renommee und in der Bezahlung ausdrückte.

Andererseits konnte und kann – vornehmlich tief im deutschen Westen – auch der Malocher zum Liebling der Massen aufsteigen, weil sie sich und ihre Arbeit in ihm wieder erkennen. Und natürlich zogen sich die hoch begabten Filigranen immer wieder den Unmut des Fußballvolkes zu, ob sie nun Günter Netzer hießen, Franz Beckenbauer, Andreas Möller oder Michael Ballack. Weil sie das andere repräsentieren, die Welt der Reichen, der Müßiggänger, der Intellektuellen, kurz all derjenigen, von denen man glaubt, dass sie die proletarische Arbeitswelt gering schätzen. Die Projektionen der einen Seite sind mithin keineswegs gerechter als die der anderen.

Aber ob sie nun ein Stück Wahrheit enthalten oder nur die Idealisierungen und Dämonisierungen des Betrachters spiegeln, diese Wahrnehmungsmuster verbindet eine gemeinsame Vorstellung: dass die Arbeitsteilung auf dem Fußballplatz strikt an der Grenzlinie zwischen kreativen und handwerklichen Tätigkeiten verläuft und dabei nicht nur einen funktionalen Charakter hat, sondern auch das soziale Prestige der Akteure bestimmt.

Diese Vorstellung wurde seit den goldenen 70er Jahren von Kickergeneration zu Kickergeneration weitergereicht. Sie überdauerte in den Köpfen so lange, bis die deutsche Nationalmannschaft ihren selbstverständlich geglaubten Platz in der Weltspitze verloren hatte. Weitgehend modernisierungsresistent war der deutsche Fußball aufgrund der großen Erfolge der Nationalmannschaften und Vereinsteams gewesen. Systematische Mängel wurden lange durch eine Mischung aus individuellem Talent, Willenskraft und wesentlich intensiverem Konditionstraining ausgeglichen. Die Littis und Ickes hatten das Kicken auf den Bolzplätzen genauso gelernt wie heute die Talente aus Afrika. Zudem waren die Spieler durch die Schule vierschrötiger Trainer gegangen, die ihnen das Kratzen, Beißen und Siegen-Wollen beibrachten, unterfüttert von einem Trainingsumfang, der deutsche Kicker im Zweifelsfall am längsten laufen ließ.

Weil die internationale Konkurrenz diese Rückstände noch nicht aufgeholt hatte, wurden systematisch-taktische Erneuerungsversuche im deutschen Fußball immer mit Verzögerung und dann zumeist in nur homöopathischen Dosen vollzogen. Zweifellos war das funkelnde Liberospiel von Franz Beckenbauer genauso stilbildend wie seine Weiterentwicklung durch Matthias Sammer, aber um sie herum blieben die Kollegen strenger auf ihre Positionen festgelegt als in anderen Ländern. Modernisierungen in der Bundesliga blieben lange nur Randerscheinungen. Der Schöngeist Heinz Höher, der später Hotelier und Kinderbuchautor wurde, verwirrte bereits in den siebziger Jahren als Coach des VfL Bochum die Gegner mit angedeuteter Raumdeckung und rigider Abseitsfalle, die er sich in Holland abgeschaut hatte. Übrigens hatte er ähnlichen Erfolg wie später der SC Freiburg mit seinen Neuerungen, vergessen ist es trotzdem. In guter Erinnerung geblieben ist dagegen der weltläufige Österreicher Ernst Happel, der als Trainer des Hamburger SV die Konkurrenten in der Bundesliga mit Pressing verblüffte und 1983 den Europapokal der Landesmeister gewann. Systematisches Pressing wurde in der Bundesliga aber trotzdem erst eineinhalb Jahrzehnte später üblich. Wie auch die Viererkette fast ein Jahrzehnt lang eine exotische Randerscheinung blieb, nachdem Hannes Bongartz bereits Mitte der achtziger Jahre in Kaiserslautern mit ihr experimentiert hatte.

Die intensive Beschäftigung mit Fragen von Systematik und Taktik setzte auf breiter Basis erst ein, als die Spiele der Nationalmannschaft zu einer Aneinanderreihung von Misserfolgen wurden, die nicht mehr durch Zufälle erklärt werden konnten. Trotzdem wird in vielen Köpfen immer noch ein Spiel gespielt, das längst abgepfiffen ist. Misslingt etwa die Offensive der deutschen Nationalelf, können wir die Uhr danach stellen, wann der Klagegesang über den fehlenden Spielmacher anhebt – obwohl die Zeit des einsamen Dirigenten auf der Fußballbühne abgelaufen ist. Schießt der überragende Angreifer des Gegners zwei Tore oder der Spieler hinter den Spitzen bereitet sie wunderbar vor, dann wird der gestandene Reporter nach dem Spiel gewiss die Frage nicht vergessen, ob in diesem Fall »konsequente Manndeckung« nicht besser gewesen wäre, als zu übergeben und zu übernehmen. Obwohl diese Manndeckung bei gut eingespielten Defensivverbänden die Hoffnung auf größere Effizienz nicht unbedingt verbessert, die eigene Ordnung aber empfindlich stört. Trifft der eigene Stürmer drei Spiele lang nicht ins Tor, dann wird in der Öffentlichkeit jede weitere torlose Minute mitgezählt und diskutiert, obwohl die Nominierung von Stürmern von weitaus mehr Kriterien bestimmt ist als nur von ihrer Torgefährlichkeit.

Fußball funktioniert heute anders, er muss anders betrachtet und bewertet werden. Deshalb muss auch der deutsche Blick ein anderer werden. Selbstverständlich gibt es noch zweikampfstarke Spieler. Immer noch ist Zweikampfstärke eine Qualität, über die sich jeder Trainer freut. Doch heute steht sie nicht mehr für sich, sondern ist in ein Spiel eingebettet, das sich in seinem Kern verändert hat. Die Defensivarbeit ist nicht mehr primär am jeweiligen Gegenspieler orientiert, sondern am Ball. Und das ist übrigens schon das ganze Geheimnis der »ballorientierten Gegnerdeckung«, für die Berti Vogts unverdienten Spott erntete.

Einmal Arbeitsteilung und zurück

Wie die lange Geschichte des Spiels am Ende in ihr Gegenteil verkehrt wird

Wer heute von der Tribüne auf den Rasen hinunterschaut, den könnte das zeitgenössische Spiel glauben machen, er sähe die anarchischen Anfänge des Fußballs. Im letzten Jahrhundert rauften sieben, acht oder neun Stürmer um den Ball, den wir auch heute noch in den Trauben begeisterter Kinderfußballer nur erahnen können. Doch nicht nur bei den Bambinis erscheint es heute, als wäre der Fußball zu seinen Wurzeln zurückgekehrt. Selbst auf dem allerhöchsten Niveau des internationalen Fußballs tauchen Spieler, die eben noch am linken Flügel waren, wenig später auf der rechten Abwehrseite auf. So genannte Manndecker rücken ein ums andere Mal ins Angriffszentrum auf, und wo einer den Ball hat, sind Sekunden später drei andere, die ihm die Kugel stibitzen wollen.

Diese Entwicklung ist weder vom Fußballhimmel gefallen noch wurde sie von einsamen Strategen erdacht. Sie verlief und verläuft prozesshaft, und es geht wie bei allen Fortschritten des Spiels um die konsequente Nutzung der vorhandenen Ressourcen. Wenn wir an dieser Stelle noch einmal auf die Anfänge des Spiels zurückschauen, so entwirrte sich das Knäuel der Urväter am Ball, indem es auf dem Platz zu einer wachsenden Arbeitsteilung kam. Diesen Prozess haben wir durch die Jahrzehnte beschrieben. Eine wesentliche Folge war die Ausbildung von Spezialisierungen auf bestimmten Positionen und von Spezialisten, die sie besonders gut ausfüllten. Mit dem Entwurf des *Total Football* wurde das Ende eines solchen Fußballs eingeleitet. Wie bereits gesagt, ging es dabei um die Idee, dass idealerweise alle Spieler alles können sollten und nicht mehr einer Position verhaftet sind.

124

Das bedeutet die Aufhebung des arbeitsteiligen Spiels. Es ist wie die zunehmende Verkleinerung des Spielfelds eine Folge der enorm gesteigerten athletischen Möglichkeiten. Wobei sich beides gegenseitig bedingt.

Die tatsächlich bespielte Fläche verkleinert sich deshalb, weil von vorne schnell nach hinten gerückt wird und von hinten nach vorne, und der Defensivspieler an der ballentfernten Seite sich dazu deutlich Richtung Abwehrzentrum orientiert. Das sind aber keine formalen Übungen, sondern Arbeitsabläufe. Wenn etwa in einer klassischen Pressingsituation des heutigen Fußballs der ballführende gegnerische Außenbahnspieler auf Höhe der Mittellinie unter Druck gesetzt wird, dann werden wir häufig beobachten können, dass an dieser Aktion ein Angreifer beteiligt ist, dazu der Spieler hinter den Spitzen und der Außenbahnspieler, der weit nach vorne rückt, um sein Gegenüber im Verbund mit den Kollegen aufzuhalten. Es sind an dieser Defensivaktion also zwei Offensivspieler beteiligt, und das ist kein Zufall, sondern planvoll organisiert.

Das Ziel einer zeitgemäßen Defensive, dem Gegner Raum und Zeit für seine Spielentwicklung zu nehmen, lässt sich nur umsetzen, wenn die Offensivspieler in diese Arbeit miteinbezogen werden. So spielen viele Mannschaften nach dem Prinzip, dass nach einem Ballverlust im Angriff mindestens ein Stürmer sofort hinter den Ball rücken muss, während der andere weiter vorne auf einen Rückpass lauert. Vorne stehen bleiben und zugucken, wie der Gegner seinen Angriff aufbaut – das war einmal.

Auch die Nachhutgefechte in dieser Frage sind fast geschlagen, wie Toni Polster zweimal quasi im Alleingang bewiesen hat. Zuerst stieg der österreichische Stürmer mit dem 1. FC Köln ab, ein Jahr später mit Borussia Mönchengladbach. In beiden Fällen erzielte er bemerkenswert viele Tore, die der Mannschaft letztlich aber nichts nützten. Als Rainer Bonhof ihn in Gladbach aussortierte, weil er nicht die nötige Defensivarbeit leistete, erhob sich noch ein Protestschrei. Doch inzwischen ist klar, dass der Österreicher zu den Auslaufmodellen zählte. Wie auch Krassimir Balakov, der in Stuttgart reihenweise Trainer um den Verstand brachte, weil er zwar Ballzauberer und Spielmacher alten Zuschnitts war, aber zugleich die Organisation des Spiels durcheinander brachte.

Die Beteiligung von Offensivspielern an der Verteidigungsarbeit ist die Voraussetzung, um ein weiteres Ziel des Defensivspiels umzusetzen: den ballführenden Gegner mit Überzahl zu stellen. Nicht nur, wenn er über die Seite kommt – das Gleiche gilt natürlich genauso und gerade im Zentrum. Auch hier müssen Angreifer und offensive Mittelfeldspieler mitarbeiten. Wie auch der Libero, der heute vor der Abwehr spielt, weil er mithelfen muss, dass der Gegner sich früh einer Übermacht von verteidigenden Spielern gegenübersieht – und weil er sich von dort am schnellsten gewinnbringend ins Offensivspiel einschalten kann.

Denn daraus bestimmt sich heute die enorme Dynamik des Spiels: Nicht nur im Defensivspiel wird versucht, in Ballnähe Überzahl herzustellen, sondern auch, wenn es nach vorne geht. Dass die Arbeitsteilung in beide Richtungen aufgehoben wird, ist damit nur noch eine logische Schlussfolgerung: Wer beim Umschalten nach vorne eine schnelle Überzahl erzwingen will, muss auch seine defensiven Spieler mit in die Offensive einbeziehen können. Ob das ein Manndecker ist oder der Libero, entscheidet sich aus der Situation – während ein Außenbahnspieler und der defensive Mittelfeldspieler fast immer in die Offensive mit eingebunden sind. Stürmer, die mit nach hinten gehen, Manndecker, die sich in die Offensive mit einschalten, und Drei- und Vierkämpfe dort, wo früher Zweikämpfe ausgetragen wurden – daran erkennen wir modernen Fußball.

In der Offensive gilt nicht mehr das starre Positionsspiel und das individuelle Durchsetzungsvermögen als oberste Prämisse. Stattdessen ist Flexibilität und die Fähigkeit zum Kombinationsspiel gefragt. Je mehr Potential davon in einer Mannschaft vorhanden ist, umso deutlicher werden wir in ihren Vorstellungen die Stilmittel der Fußballmoderne erkennen können: das intensive Verschieben und Pressingspiel bei der Abwehrarbeit und den Versuch, sich mit schnell vorgetragenen Kurzpasskombinationen aus der Enge des Raums zu lösen.

Stilmittel der Moderne

In die Enge des Spiels und aus ihr hinaus

Nie war mehr Gemeinsamkeit im Spiel als heute. Fußball ist nicht allein durch die Aufhebung der Arbeitsteilung, sondern auch durch die zunehmende Intensität der Zusammenarbeit kooperativer geworden. Dass elf Spieler, die eine gemeinsame Idee haben, weit mehr bewegen können als elf, die in ihrem speziellen Arbeitsbereich vor sich hin werkeln, findet heute deutlicher seinen Ausdruck als je zuvor. Die Umsetzung moderner Konzepte sorgt nicht nur auf dem Platz für faktische Enge, sie grenzt auch die Räume ein, in denen persönliche Eitelkeiten ausagiert werden können. Zeitgemäßer Fußball ist ausgeprägtes Teamwork. Vor allem in der Defensivarbeit werden die Situationen immer seltener, in denen sich ein Akteur allein einem Gegner gegenübersieht. Soforthilfe zu leisten, wenn ein Kollege in einen Zweikampf verstrickt ist, gehört zu den obersten Geboten einer funktionierenden Abwehrarbeit.

Früher war nur im Abwehrzentrum, wo ein verlorenes Duell unmittelbar zum Tor führen kann, eine ausdrücklich als solche definierte Helferstelle eingerichtet: der Stopper, der später zum Libero wurde. Er sollte sichern, wenn Manndecker gegen Mittelstürmer und Außenverteidiger gegen Außenstürmer ins Hintertreffen gerieten und der Weg in Richtung Tor offen war. Mittlerweile wird überall auf dem Platz geholfen, und dieses Helferprinzip des zeitgemäßen Spiels hat einen Namen: Überzahl herstellen. Das ist die Devise der Defensivarbeit spätestens, wenn der Gegner in die eigene Hälfte eindringt – und meist auch schon weiter vorne.

Schon Sepp Herberger wusste, dass jene Mannschaft den Ball gewinnt, die in Ballnähe in Überzahl ist; in ein systematisches Spiel konnte er diese Erkenntnis aber noch nicht übersetzen. Selbst vor zwanzig Jahren haben die Voraussetzungen dazu noch gefehlt. Die Fläche, auf der faktisch gespielt wurde, war wesentlich größer, und die Wege zu Ball und Gegner waren damit oft zu weit, um überall zu zweit oder mehreren aufzutauchen. Mittlerweile gelingt es guten Mannschaften, durch ihr athletisches Vermögen und eine damit beträchtlich erhöhte Laufleistung die Spielfläche enger zu machen; innerhalb dieses engeren Felds haben die Einzelnen dann relativ kurze Wege zum Ort des Geschehens – dem Ball. Auch wenn es zunächst paradox klingen mag: Man läuft also insgesamt wesentlich mehr, um damit die Wege zu den Brennpunkten möglichst kurz zu halten.

Das Verengen des Feldes ist die Vorableistung, um Überzahlsituationen schaffen zu können. Erbracht wird sie durch das Verschieben des gesamten Mannschaftsverbundes. In der Abwehrarbeit ist die Zielrichtung dieses großen Verschiebebahnhofs immer der Ball. Da ist sie wieder: die ballorientierte Gegnerdeckung. Sie bedeutet das Ende der Manndeckung überall auf dem Platz. Ist der Gegner in Ballbesitz und eröffnet den Angriff, lautet die erste Frage nicht mehr wie beim Fußball der Väter: Wo ist mein persönlicher Gegenspieler? Stattdessen muss das Problem gelöst werden, wie der Angriff gemeinsam möglichst Erfolg versprechend aufgehalten werden kann. Die Aufgabenstellung wird noch dadurch spezifiziert, dass dem ballführenden Gegner möglichst viele Leuten so auf die Pelle rücken sollen, dass er nicht mehr aus der Falle entwischen kann – oder zumindest das Angriffsspiel durch Rückpass und Neuaufbau unterbrechen muss. Zu klären aber bleibt der Ort, wo die Attacke stattfindet, und wer dabei welche Rolle übernimmt.

Je nach Zone, in der der Gegner gestellt werden soll, unterscheidet man Angriffs-, Mittelfeld- oder Defensivpressing (Abbildung 18). Beim Offensivpressing, auch Forechecking

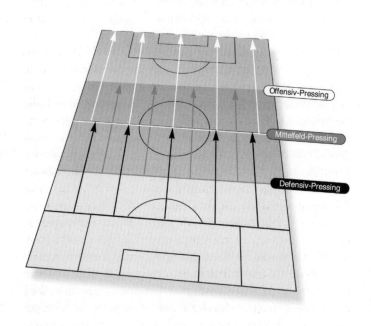

Abbildung 18: Die Pressingzonen
Die drei unterschiedlichen Bereiche, in denen Pressing gespielt wird.

genannt, setzt die verteidigende Mannschaft den Gegner schon tief in seiner Hälfte unter Druck. Die hintersten Defensivspieler rücken im Idealfall bis zur Mittellinie auf. Die Zone für das Mittelfeldpressing ist 15 Meter rechts und links der Mittellinie. Beim Defensivpressing wird der Gegner erst angegriffen, wenn er die Mittellinie überschreitet, die Manndecker rücken bis zur Sechzehnmeterlinie zurück. Was jeweils am sinnvollsten ist, wird teilweise situativ auf dem Platz entschieden, aber meistens gehen die Mannschaften mit einer der drei Strategien als Grundkonzept ins Spiel.

Den größten Spaß hat der Zuschauer, wenn Offensivpressing gespielt wird. Dass sich das aber meist in Grenzen hält, liegt in der Natur der Sache. Offensivpressing verspricht nämlich nicht nur Spektakel, sondern ist für die Betreiber auch die laufintensivste Form der Verteidigung – und die riskanteste dazu. Was von außen wild und überschäumend wirkt, erfordert auf dem Platz einen kühlen Kopf. Bedrängen etwa zwei Angreifer einen zentralen Abwehrspieler 30 Meter vor dessen Tor, dann müssen ihre weiter hinten postierten Kollegen in Windeseile dafür sorgen, dass der unter Druck gesetzte Gegner keine Möglichkeit findet, den Ball gefahrlos abzuspielen. Das bedeutet, es muss mit Tempo nach vorne gerückt werden, um die Gegenspieler abzuschirmen, die sich als Anspielstation anbieten. Gelingt dem Bedrängten trotzdem ein präziser Pass nach vorne, dann wird es auf der Stelle gefährlich. Weil erstens gleich mehrere Spieler in der Vorwärtsbewegung sind, die hinten erst einmal fehlen; und weil zweitens das schnelle Umschalten vom Sprint nach vorne zur Hatz zurück wertvolle Zeit kostet – von der Kraft einmal ganz zu schweigen. Ein gescheiterter Versuch, Offensivpressing zu spielen, ist also durchaus mit der Situation vergleichbar, wenn bei einem eigenen Angriff die Abwehr relativ weit entblößt wird und man dann bei einem Ballverlust in einen schnellen Konter des Gegners gerät. Weil viele auf dem Weg nach vorne sind, droht hinten Unterzahl – in der Defensive die brisanteste aller Konstellationen.

Wenn das Offensivpressing nicht zu solch unfreiwilligen Einladungen an den Gegner geraten soll, müssen alle fix bei der Sache sein. Schon die Angreifer sollten, bevor sie ihre Aktion starten, einschätzen können, ob das schnelle Nachsetzen der Kollegen hinter ihnen überhaupt möglich und in der jeweiligen Spielsituation auch sinnvoll ist. Der Höchstgewinn beim Offensivpressing ist erreicht, wenn der Ball weit vorne erobert wird und der Gegner damit in eine akute Notsituation gebracht wird. Als Teilerfolg wird verbucht, wenn man ihn zwingen kann, den Ball planlos nach vorne zu dreschen, weil schon dieser Kontrollverlust die verteidigende Mannschaft in aller Regel in Vorteil bringt. Erheblich begünstigt haben die Fußballgesetzgeber die Strategie des Offensivpressings mit der Einführung der Rückpassregel. Spielt der bedrängte Abwehrspieler den Ball zum Torhüter, kann der Stürmer die Attacke direkt fortsetzen – und der blinde Befreiungsschlag folgt dann meist mit nur leichter Verzögerung vom Torhüter.

Das Risiko des Offensivpressings wächst, wenn der Gegner in der hintersten Linie mit technisch versierten Spielern arbeitet, die in der Lage sind, sich aus großer Bedrängnis mit spielerischen Mitteln zu befreien. Aber selbst wenn das nicht der Fall ist, wird das Offensivpressing meist nur sehr dosiert eingesetzt. Die technische Kommission des Weltfußballverbandes Fifa hat die selbst auferlegte Zurückhaltung bei der Vorwärtsverteidigung auch schon in ihrer taktischen Analyse der Weltmeisterschaft 1998 in Frankreich festgehalten: »Infolge der hohen Intensität in praktisch allen Partien war keine Mannschaft in der Lage, ein permanentes, auf das ganze Spielfeld ausgedehntes Pressing zu betreiben. Ein konsequentes Forechecking wurde von einem Team nur dann praktiziert, wenn es kurz vor Schluss den Torerfolg suchen musste.«

Dagegen gibt es kaum eine Mannschaft, die nicht zumindest auf sporadische Chancen lauert, den Gegner tief in seiner Hälfte überfallartig anzugreifen. Verteidiger etwa, die in Laufrichtung zum eigenen Tor angespielt werden und damit den Angreifern ihren Rücken zeigen, gehören zu den beliebtesten Zielen solcher Attacken. Denn nur die gewieftesten Vertreter ihrer Zunft bleiben gelassen, wenn sie in diesem Moment weder ihre Abspielmöglichkeiten sehen können noch was sonst so hinter ihnen passiert, während sie den Atem der Angreifer schon im Nacken spüren. Beim Mittelfeldpressing sind die Bereiche entlang der Seitenlinien die bevorzugten Zonen, um den Druck auf die ballführenden Gegenspieler zu erhöhen. Dort sieht der Angegriffene zwar, was auf ihn zukommt – im idealen Pressingfall drei Spieler von drei Seiten –, dafür wird seine Lage beträchtlich erschwert, weil die Spielfeldbegrenzung nach einer Seite jede Flucht- oder Abspielmöglichkeit verhindert.

Man sieht, die Strategen des Spiels haben sich einiges einfallen lassen, um den Gegner in die Enge zu treiben. Das umzusetzen, setzt im Defensivverhalten nicht nur gedankliche Beweglichkeit voraus, sondern auch die Bereitschaft zur Teilnahme am Defensivspiel bei jenen, die früher nur angegriffen haben. »Die Stürmer helfen defensiv aus, wenn es die Situation erfordert. Das offensive Mittelfeld ist die erste Abfangmauer im Abwehrsystem« – auch das ist ein Fazit der technischen Kommission der Fifa in ihrer Nachbetrachtung der WM 1998, bei der sich das moderne Spiel – in seiner defensiven und seiner offensiven Ausprägung – erstmals auf breiter Linie durchgesetzt hatte.

Manche Mannschaften gehen noch einen Schritt weiter als es die Fifa-Analytiker seinerzeit diagnostiziert haben, und binden ganz grundsätzlich einen Stürmer in die vorderste Defensivlinie mit ein. Die Idee dahinter ist einfach: Je mehr eigenes Personal bei der Abwehrarbeit mitarbeitet, umso leichter lassen sich Überzahlsituationen erreichen. Mannschaften, die nicht extrem defensiv ausgerichtet sind oder nur ein Ergebnis halten wollen, versuchen meist schon im Mittelfeld ihr Netz undurchdringlich zu machen. Versucht der Gegner über einen der Flügel vorwärts zu kommen, dann rückt der Außenbahnspieler auf der anderen Seite Richtung Zentrum und bis auf Tuchfühlung an den Manndecker auf seiner Seite. Die tatsächlich bespielte Fläche ist damit auf rund 30 mal 40 Metern eingegrenzt und das Feld so optimal verengt.

Das Verschieben der Außenbahn zur Mitte und damit in Richtung Ball gibt außerdem dem Libero die Möglichkeit, sich aus dem Deckungsverband zu lösen und dem angreifenden Gegner entgegenzugehen, um sein Team in Ballnähe in Überzahl zu bringen. Diese Abkürzung der Anlaufwege zu allen Brennpunkten im Mittelfeld ist auch schon das ganze Geheimnis, warum der Libero heute vor seinen Manndeckern spielt. Geht er von dort dann noch weiter nach vorne, um den Gegner unter Druck zu setzen, dann muss seine frühere Defensivaufgabe, die Innenverteidiger abzusichern, von anderen übernommen werden. Auch deshalb rückt der Außenbahnspieler so weit nach innen, dass er gegebenenfalls hinter die Manndecker einschwenken kann (Abbildung 19). Das Libero-wechsel-dich-Spiel praktizieren bewegliche Teams in unterschiedlichen Formen. Läuft der gegnerische Angriff übers Zentrum, kann der nominelle Libero ihm auch dort entgegengehen und sich hinten derweil vom defensiven Mittelfeldspieler vertreten lassen.

Als dritte Variante schließlich spielen manche Mannschaften im Abwehrzentrum ohne festgelegte Rollenverteilung. Statt den Libero und die zwei Manndecker vorab zu bestimmen, wird die zentrale Defensivabteilung mit einem so genannten Dreierblock besetzt, in dem immer spontan und aus der Spielsituation heraus entschieden wird, wer direkt gegen einen Angreifer spielt und wer für die Absicherung der

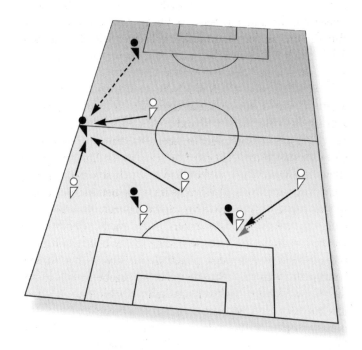

Abbildung 19: Verschieben
Stürmer, Libero und linke Außenbahn (in Weiß) verschieben Richtung Ball, um in Überzahl Druck auf den über rechts angreifenden Gegner (in Schwarz) auszuüben, die rechte Außenbahn der verteidigenden Mannschaft schiebt gleichzeitig nach innen – um notfalls als Liberovertretung einspringen zu können.

Kollegen zuständig ist. Auch aus diesem Dreierblock kann dann immer wieder einer nach vorne rücken und entweder von einem Außenspieler oder dem defensiven Mittelfeldmann vertreten werden.

Läuft dieses ganze Verschiebespiel nach Plan, dann hat man vor der hintersten Defensivlinie einen Außenspieler, drei zentrale Mittelfeldspieler, einen Stürmer, der mit zurückgekommen, und einen Libero, der nach vorne geeilt ist. Damit sind ideale Voraussetzungen für ein defensives Überzahlspiel geschaffen, und deshalb nimmt man dann auch gerne in Kauf, dass der Gegner auf dem anderen Flügel frei steht.

Wenn die Sache nicht schief gehen soll, müssen alle Spieler sie komplett verinnerlicht haben. Die Überzahl gegen den Ballführenden ist ja nur das eine Ziel. Gleichzeitig müssen alle Spieler des Gegners, die direkt in den Angriff mit eingebunden sind, gedeckt werden. Dazu wird in der Enge des Raumes in gegenseitiger Absprache übernommen, übergeben und verschoben, was das Zeug hält. Die Positionen, die die einzelnen Akteure in der Grundformation einnehmen, haben da oft nur noch Richtliniencharakter. Natürlich sollten die Manndecker, wenn es brenzlig wird, bei den Stürmern sein, die bedrohte Seite vom zuständigen Außenspieler gesichert werden und auch der defensive Mittelfeldspieler nicht irgendwo im gegnerischen Niemandsland herumtrödeln. Aber jenseits davon ist im ganzen Team vor allem Konzentration erforderlich und die Fähigkeit, in schnell wechselnden Situationen flexibel zu reagieren, um nicht die entscheidende Lücke nach hinten zu öffnen.

Dieses Verschieben zum Ball mit dem Ziel, dem Gegner die Wege zum gelungenen Abspiel und in letzter Instanz zum Tor zu verstellen, ist über die letzten Jahre hinweg immer weiter perfektioniert worden. So sehr, dass Kulturpessimisten wieder einmal das Ende des schönen Spiels am Horizont aufscheinen sahen. Obwohl die deutsche Elf 1996 Europameister geworden war, stimmte selbst *Fußballtraining*, die Publikation der DFB-Fußballlehrer, damals in ihrer Nachbetrachtung bemerkenswert skeptische Töne an: »Die Spielräume um den Ball wurden schnell eng gemacht, der Spielraum in die Tiefe durch gekonntes Spiel ›auf Abseits‹ derart verkürzt, dass sich die meisten Aktionen im Mittelfeld und dort in einem Raum von oft nur 30 Metern Tiefe abspielen konnten. Überzahl gegen den Ball hieß die Zauberformel zum Erfolg! Ein verstärktes Mittelfeld auf Kosten von oft nur einer einzigen echten Angriffsspitze gestattete dem Gegner kaum einen geordneten Spielaufbau. Erfolgreiche Alleingänge waren selten möglich, ein längerer Ballbesitz bedeutete schon ein gefährliches Risiko. Fast permanent befand sich der ballführende Spieler ›unter Druck‹. Kein Spielraum für zielstrebige Dribblings. Kaum längere Ballpassagen – und diese meistens nur in der von dem Gegner weitgehend entvölkerten Abwehrzone. Der prickelnde Reiz schneller Angriffsvorstöße wich bald der Langeweile sicherheitsbetonten, abwartenden Ballgeschiebes. Häufige Ballverluste verkehrten nicht selten das Fußballspiel zu einem unablässigen Kampf um Ball und Raum.«

Kurz sind hier die wesentlichen Stilmittel des modernen Defensivspiels rekapituliert – aber mit welchem Pessimismus! Auch die zunehmende Rücknahme der Arbeitsteilung, die Aufhebung der Rollenverteilung in reine Kreativspieler und Ballarbeiter – was von uns nicht nur als Grundlage des modernen Spiels, sondern auch als Fortschritt betrachtet wird – wird in Frage gestellt: »›Züchten‹ wir nicht immer stärker gleich geartete Spielertypen, wenn das System zur Grundlage für die Auswahl der Spieler wird?«, heißt es im EM-Rückblick. »Einheitsspieler produzieren Einheitsspiele. Der Reiz des Fußballs lebt indes besonders von der Überraschung, vom Unerwarteten auch im Hinblick auf Spielweise und System. Haben aber nicht von jeher Spielerpersönlichkeiten mit einer individuellen Spielkunst Stil und Ordnung der Topmannschaften im Fußball geprägt?« Da ist sie wieder: Die ewig deutsche Sehnsucht nach dem Spielmacher. Nach den großen Männern, die Geschichte schreiben – und das Misstrauen gegenüber dem kreativen Potential des Kollektivs.

Nicht dass die Sorge um die Schönheit des Fußballs damals unbegründet gewesen wäre. Das Spiel nach vorne ist mit den Umwälzungen in der Defensivarbeit tatsächlich ungleich schwerer geworden. Aber klar ist auch, dass es die Bemühungen um Offensive nicht weiterbringt, wenn man auf die neuen Problemstellungen nur mit einem sentimentalen Reflex reagiert. Zumal »Spielerpersönlichkeiten mit einer individuellen Spielkunst«, denen *Fußballtraining* nachtrauert, auch im modernen Spiel nicht fehlen. Im Gegenteil. Individuelle Qualitäten sind mehr gefordert denn je, geändert haben sich allein die Rahmenbedingungen. Der zum Klischee verkommene Spruch, der Star ist die Mannschaft, hat hier seinen Kern. Im positiven Sinne. Wobei man den Skeptikern zugute halten muss, dass 1996 tatsächlich nicht abzusehen war, mit welcher Rasanz die offensiven Dimensionen des Spiels vorangetrieben würden.

Die Voraussetzung dafür bildete eine so schlichte wie folgenreiche Überlegung: Wenn in der Defensive hoch organisiertes Teamwork betrieben wird, können einzelne Helden das Spiel nicht mehr alleine nach vorne bringen. Das kollektiv organisierte Abwehrspiel muss in der Offensive eine Entsprechung finden und das kreative Potential innerhalb der Mannschaften so erhöht werden, dass die quantitativ aufgestockte Defensive mit einer ebenso zahlenmäßig verstärkten Offensive beantwortet wird. Aber wie soll das gehen, wenn nur elf Akteure auf dem Platz sind? Auch hier ist das Problem, wie wir schon beschrieben haben, logisch aufgelöst worden: So wie Offensivspieler stärker in die Defensive eingebunden wurden, sind die früher nur defensiven Akteure im Spiel nach vorne aktiv geworden und die kreativen Aufgaben damit auf viele Schultern verteilt.

»Hat der Gegner den Ball, sind wir alle Verteidiger. Haben wir den Ball, sind wir alle Angreifer.« Diese Forderung, die Hennes Weisweiler schon vor mehr als 30 Jahren formuliert hat, ist heute in einem Umfang verwirklicht wie nie zuvor. Wer mitspielt, muss auch als Abwehrspieler nicht nur Fußball spielen können; in einer Mannschaft auf höchstem Niveau muss jeder in der Lage sein, ein Offensivkonzept mitzutragen, das nicht weniger gedankliche Flexibilität verlangt als die ballorientierte Gegnerdeckung. Das moderne Angriffsspiel hat dabei – noch ein Paradox der Moderne – dieselbe Zielsetzung wie die Abwehrarbeit: Überzahl herstellen in Ballnähe. Die Voraussetzung dafür ist, dass im Wechsel möglichst alle Akteure an der Offensive beteiligt werden können. Das Stilmittel, das dieses Spiel ganz entscheidend prägt, ist der Kurzpass. Der Ausdruck, den es auf dem Platz findet: ein Kombinationsspiel auf engstem Raum, bei dem die Beteiligten jeweils nur kurz in Ballbesitz sind. Gelingt das, läuft der Gegner mit seinem Versuch der Überzahlbildung immer wieder ins Leere. In den Momenten, in denen diese Form des Offensivspiels für die Zuschauer am schönsten wird, funktioniert Fußball für die verteidigende Mannschaft nach dem Hase-und-Igel-Prinzip. Mindestens zwei Anspielstationen sollen sich dem Ballführenden immer in unmittelbarer Nähe auftun, wer abspielt, bietet sich sofort wieder an. Ist der erste Pass in den Rücken der Verteidiger gelungen, droht dem Gegner bei der schnellen Fortsetzung der Kurzpass-Kombination genau das, was er selber erreichen wollte: Immer wieder geraten Abwehrspieler in Situationen, wo sie sich zwei Angreifern gegenübersehen. Das schnelle Spiel und die mindestens doppelte Abspieloption bestimmt den verwirrenden Charakter dieser Kombinationen durch die Enge der Räume. Der Fußball der Moderne versucht also, aus der Enge herauszufinden, indem er sich in ihr zurechtfindet. Sein Ziel ist dabei weiterhin nicht die Inszenierung selbstverliebter Kombinationszauberstückchen, sondern so schnell wie möglich ins Freie zu gelangen, von wo der Weg zum Tor nicht mehr völlig verstellt ist.

Neben Ballfertigkeit sind Spielintelligenz und hohe Laufbereitschaft die Voraussetzung, um dieses Spiel durchzusetzen. Sein besonderer Reiz liegt darin, dass es versucht, die Defensive mit ihren eigenen Waffen zu schlagen. Im besten Fall erstickt die Verengung der Räume nicht den Spielwitz, sondern bringt ihn zur höchsten Entfaltung.

Auch bei *Fußballtraining*, der Zeitschrift der deutschen Fußballtrainer, sind die enormen Fortentwicklungen des modernen Offensivspiels nach der Defensiv-EM 1996 registriert worden. Unter dem Eindruck der Weltmeisterschaft in Frankreich wurde der Pessimismus von neuer Zuversicht abgelöst: »Die Übermacht massierter Abwehrblöcke mit engen Spielräumen schon im Mittelfeld, die noch vor zwei Jahren der Europameisterschaft in England so viel an spielerischen Glanzlichtern raubte, hat an Wirkung verloren. Denn viele WM-Mannschaften haben auf diese eine attraktive Antwort gefunden: zielstrebige schnelle Kurzpasskombinationen.« Vom großen Einzelkönner, der dem Spiel seinen Stempel aufdrücken soll, ist jetzt nicht mehr die Rede. Im Gegenteil: »Mit einem variablen und gekonnten Kurzpassspiel ist somit ein probates Mittel gefunden, das nicht nur für die Zuschauer, sondern für jeden spielfreudigen Akteur attraktiv ist. Handlungsschnelligkeit und Einfallsreichtum sind dabei gefragt.« Und das hat Folgen fürs System.

Das Ende der Systeme

Wie die Bedeutung der Grundformationen zunehmend nivelliert wird

Extremes Verschieben zum Ball in der Defensive, schnelle, kurze Positionswechsel und Überzahl in Ballnähe auch im Vorwärtsspiel – im modernen Fußball ist alles in Fluss geraten. Ob eine Grundformation 4-3-3 oder 3-4-3 genannt wird, ob eine Viererkette in Defensive oder ein Dreierblock – die Systemfrage hat an Bedeutung verloren. Die Flexibilität, mit der die einzelnen Akteure handeln müssen, hat die Grenzen zwischen den Systemen fließend gemacht. Während in der deutschen Öffentlichkeit nach dem Scheitern in Frankreich verzweifelt nach dem richtigen System für eine bessere Zukunft gefahndet wurde, haben sich die Systeme durch ihre zeitgemäße Interpretation bis zur Unkenntlichkeit angenähert. In der Fachpresse und in zahllosen Expertenrunden wurde die Viererkette als Stein der Weisen auf dem Weg der Erneuerung gepriesen. Erstaunlich zurückhaltend wurde dagegen darüber gesprochen, dass damals auch beim klassischen deutschen 3-5-2 der Libero längst nicht mehr gleich Libero war. Und noch viel weniger kam zur Sprache, dass auch die besten Teams der Welt – so etwa die Finalteilnehmer Brasilien und Frankreich – ihre Viererketten längst nicht mehr klassisch interpretierten. Es entbehrt im Nachhinein nicht einer gewissen Ironie: Die von vielen als Hoffnungsträger hochgelobte Viererkette war schon 1998 in ihrer traditionellen Auf-einer-Linie-Ausrichtung so wenig aktuell wie das traditionelle Liberospiel. Damit wurden zwei Systeme gegeneinander ausgespielt, die sich in der Praxis kaum noch unterschieden. Was heute noch mehr gilt als damals.

In der Defensive hinter den Manndeckern abzusichern und zum gut gewählten Zeitpunkt mit nach vorne zu gehen, diese Aufgabenbeschreibung des Liberos finden wir zwar noch in jeder Menge unterklassiger Vereine und leider auch Jugendabteilungen, aber in der Bundesliga wird die Position weitaus differenzierter gespielt. In der ballorientierten Defensive agiert der ehemals letzte Mann, wie schon beschrieben, immer häufiger vor seinen Manndeckern. Der kurze Weg zum Ball ist auch in zeitgemäßen Viererabwehrketten zum Maß der Dinge geworden. Die weit verbreitete Vorstellung von der Kette als einer Defensivordnung, bei der beständig vier Mann auf einer Linie spielen, ist überholt. Die meisten nominellen Ketten gehen mittlerweile gegnerischen Angriffen ballorientiert entgegen und rücken an der ballentfernten Seite Richtung Zentrum ein.

Die neue Rolle der Außenverteidiger in der Viererabwehrkette ist zugleich ein Tribut an die Stärkung der Offensive, ihre frühere Beschränkung auf Defensivaufgaben ist passé. Im internationalen Fußball ist Roberto Carlos sowohl in der brasilianischen Nationalelf wie auch bei Real Madrid der nach wie vor vielleicht herausragendste Protagonist einer modern interpretierten Außenposition in der Viererabwehrkette. Ihre Aufgabenstellung ist dabei identisch mit der von Außenbahnspielern in einem zeitgemäßen 3-5-2-System.

Aber nicht nur darauf beschränken sich die Parallelen zwischen den Systemen. Vor den Innenverteidigern haben Viererreihen einen quasi freien Mann, der Stärken in der Defensive, aber auch in der Eröffnung des Spiels nach vorne haben sollte. Spieler also, die von hinten heraus das Angriffsspiel mitinszenieren – und deren Auftrag sich durch nichts von dem eines vorgeschobenen Liberos unterscheidet. Neben ihnen spielt ein zweiter nominell defensiver Mittelfeldspieler, der zweikampfstark sein muss, oft zu den laufstärksten Akteuren im Team zählt und das auch nutzt, um sich ebenfalls in die Offensive einzuschalten. In Deutschland hat der Münchner Jens Jeremies auf dieser Position einen besonders nachhaltigen Eindruck hinterlassen – ganz unabhängig davon, ob die Bayern mit einem Dreier-Abwehrblock, zwei Manndeckern und einem Libero oder einer Viererabwehrkette spielten. Übertroffen wurde er noch von einem Bundesligaprofi mit brasilianischem Pass. Emerson füllte bei Bayer Leverkusen diesen Part so überzeugend aus, dass ihn Fabio Capello mit aller Macht zum AS Rom holte. Auf der internationalen Bühne hat der Holländer Edgar Davids im Rahmen eines 4-3-3-Systems Maßstäbe gesetzt, was die Interpretation des aus der Defensive kommenden Antreibers betrifft.

In der traditionellen deutschen 3-5-2-Ordnung ist diese Position lange und unschön als »Staubsauger vor der Abwehr« bezeichnet worden – ein Bild, das ihre damalige Eingrenzung auf Aufräumarbeiten illustriert. Noch bei der Europameisterschaft 1996 wurde sie von Dieter Eilts fast ausschließlich defensiv interpretiert. Der Bremer avancierte damit zum heimlichen Star des deutschen Titelgewinners. Aber während Eilts als Protagonist deutscher Fußballtugenden gefeiert wurde, hatte der Betroffene selbst schon die Zeichen der Zeit erkannt: »Es nützt nichts, wenn ein Spieler alle Zweikämpfe gewinnt, dann aber nicht in der Lage ist, den Ball weiterzuspielen. Deshalb müssen auch defensive Mittelfeldspieler Fußball spielen können und Qualität im Spiel nach vorne entwickeln.«

So wie das 4-4-2- und das 3-5-2-System in ihren zeitgemäßen Interpretationen praktisch nicht mehr zu unterscheiden sind, liegen auch den anderen modernen Grundformationen wie dem 4-3-3 der Holländer oder dem von den Bayern gelegentlich gespielten 3-4-3 keine grundsätzlich unterschiedlichen Spielauffassungen mehr zu Grunde. So kam die technische Kommission der Fifa in Bezug auf die Entwicklung der Systeme schon nach der letzten Weltmeisterschaft zu dem

Schluss: »Kein Trainer hat für die WM 98 ein neues Spiel-system erfunden. Noch immer heißen diese 3-5-2, 4-3-3, 4-4-2 usw. Die Interpretation ist jedoch flexibler geworden. Die erfolgreichsten Mannschaften passten ihr ursprüngliches System den Gegebenheiten, d.h. den Spielsituationen an. Aus einem 4-3-3 wurde ein 3-4-3, aus einem 4-4-2 ein 4-5-1 etc. Hierfür braucht es eine hervorragende taktische Schulung, das Gespür für die richtige Entscheidung, das damit verbun-dene Selbstvertrauen. Holland beispielsweise spielte defensiv mit einer Viererabwehrkette. Bei eigenem Ballbesitz rückte der eine der beiden Außenverteidiger ins Mittelfeld vor, um die Offensive zu unterstützen. Solche Rochaden waren bei den meisten Spitzenmannschaften zu beobachten. Es war demnach nicht so wichtig, welches System gespielt, sondern wie es interpretiert wurde.«

Grundsätzlich ist aber die Tendenz festzustellen, dass die gängigen Systeme in den vergangenen Jahren zunehmend offensiver gestaltet wurden. Das Vorrücken des Liberos im 3-5-2-und das der Außenverteidiger im 4-4-2-System sind nur die formalen Indizien. Die kürzeren Wege in die Offensive sind die eine Idee dahinter, eine aggressivere und, wenn man so will, offensive Defensive die andere. Weiter vorne positio-nierte Verteidiger und Liberos setzen den Gegner früher und durch die Unterstützung ihrer Mitspieler massiver unter Druck und können bei Ballgewinn sofort ins Offensivspiel eingebunden werden.

Was die Systemfrage angeht, sind wir also wieder bei den Essentials des modernen Spiels angelangt: Die Flexibilität des Einzelnen und seine Fähigkeit, in den schnell wechselnden Situationen die richtige Entscheidung für die Mannschaft zu treffen, dominiert über die formalen Vorgaben. Quer über den Platz haben sich die Anforderungsprofile an den einzelnen Spieler damit verändert, aber immer in die gleiche Richtung: Er muss mehr Verantwortung fürs Ganze übernehmen.

Vielleicht sogar am deutlichsten wird das bei einer Position, über die wir bisher noch gar nichts gesagt haben: beim letzten Mann, nein, nicht beim Libero, sondern beim wirklich letzten Mann im Spiel. Denn dass die Arbeitsteilung immer weiter zurückgenommen wird und jeder Verantwortung für das Funktionieren von Defensive und Offensive übernehmen muss, ist am Wandel des Torhüterspiels am eindrücklichsten abzulesen. Der Torwart der Zukunft ist nicht mehr nur allein mit reaktionsschnellen Paraden auf seiner Linie oder beim Herunterfischen von Flankenbällen gefragt, er muss auch ein guter Fußballspieler sein. Selbst der Schlussmann wird mittlerweile immer weiter ins Teamwork eingebunden. Da der hinter der Abwehr positionierte Libero abgeschafft ist, ist diese Position teilweise in seinen Zuständigkeitsbereich gewechselt. Er nimmt also aktiv am Feldspiel teil, und zwar – im Idealfall – wie alle anderen auch: mit defensiven und offensiven Aufgaben. Aktionen vor dem Strafraum, die Fans seit den Ausflügen von Petar Radenkovic in den sechziger Jahren bis zu denen des kolumbianischen Keepers René Higuita immer eher als Volksbelustigung aufgefasst haben, beschreiben eine neue Facette des Torhüterspiels. So gehören Steilpässe auf die gegnerischen Angreifer, um die sich früher die Liberos kümmerten, heute schon zunehmend in die Zuständigkeit der mitspielenden Keeper. Ein aufmerksamer Torhüter geht dann ganz selbstverständlich auch weit aus seinem Kasten heraus, um die Situation zu klären. Auch wenn Manndecker unter Druck geraten und den Fluchtweg Rückpass wählen, muss der Torhüter ran. Seit Einführung der Rückpassregel sind folglich seine fußballerischen Qualitäten von großer Bedeutung, weil sie darüber entscheiden, ob er den Ball nur einfach nach vorne hauen kann oder in der Lage ist, mit einem klugen Pass das Angriffsspiel der eigenen Mannschaft zu eröffnen.

Aber nicht nur die neue Rolle der Torhüter zeigt die Bedeutung der Spieleröffnung von ganz hinten. Ballsicherheit und der Blick für den Mitspieler sind mittlerweile auch dort gefragt, wo es früher nur galt, den Gegenspieler niederzuhalten. Louis van Gaal ging in seiner Zeit als Trainer der großen Ajax-Mannschaft Mitte der neunziger Jahre sogar so weit, die Innenverteidiger als »Spielmacher« der Moderne auszurufen: »Im modernen Spiel sind die Spieler auf der Position drei und vier (die Innenverteidiger in der Viererkette; Anm. d. A.) eigentlich die Spielmacher geworden. Den Spieler auf der Position 10, hinter der Vorhut, kann man sicherlich nicht mehr als Spielmacher bezeichnen, weil dafür die Räume, in denen er spielt, zu klein sind. Außerdem sind die Verteidiger und der verteidigende Mittelfeldspieler viel härter, pfiffiger und schneller als früher. Auf der 10. Position (der Spieler hinter den Spitzen; Anm. d. A.) kann man keine freie Rolle fordern. Deshalb schafft es ein Mann wie Hagi auch bei Barcelona nicht. Bei Ajax wird die 10. Position meist von Litmanen besetzt. Er muss die Leitung beim Pressing übernehmen, also wenn der Gegner unter Druck gesetzt werden soll. Vergleichen Sie das nur mit dem Spielmacher von vor zehn Jahren. Die Rolle des Spielmachers ist heute eher bei den Spielern auf Position drei und vier in der letzten Reihe zu finden. Das bedeutet zugleich, dass man dort natürlich auch keinen traditionellen, derben Verteidiger gebrauchen kann. Auf diesen Positionen müssen technisch und taktisch hochwertige Spieler stehen.«

Man sollte das nicht als Verdikt, sondern nur als Tendenz verstehen. Auch Louis van Gaal selber bot in der Qualifikation zur WM 2002 mit Jaap Stam noch immer einen Verteidiger auf, der sicherlich kein getarnter Spielmacher ist, aber als Defensivspieler überragende Qualitäten besitzt. Wie es überhaupt auffällig ist, dass in einer Zeit, in der die Systeme an Bedeutung verloren haben, die spezifischen Qualitäten der einzelnen Spieler wieder weiter ins Zentrum der Überlegungen von Trainern gerückt sind. Genauer gesagt ist es die Frage, welche Elf auf der Grundlage einer modernen Spielauffassung die erfolgversprechendste Mischung an spezifischen Qualitäten verspricht. Aber bevor wir uns diesem Phänomen zuwenden, wollen wir noch der Frage nachgehen, warum die Ankunft der Moderne in Deutschland von den Underdogs befördert wurde, bevor auch die Großklubs die Zeichen der Zeit erkannten.

Aus der Not eine Taktik machen

*Warum in Deutschland die Erneuerung von den
Rändern aus stattgefunden hat*

Fußball, wenn er am schönsten ist, wirkt bei aller Arbeit, die
im Spiel ist, leicht und kreativ, schnell und beweglich, elegant
und pfiffig. Man könnte auch sagen: Er zielt darauf, Grenzen
zu überschreiten und die elf, die auf dem Platz zusammen
spielen, im besten Fall weit über ihre individuellen Beschrän-
kungen hinauszutragen. Dort, wo diese Idee verwaltet wird,
ist von solcher Leichtigkeit allerdings nur selten etwas zu spüren. Die Welt des Fußballs ist eine geschlossene Gesellschaft,
ihre Hierarchien sind mindestens so undurchlässig wie Helenio Herreras Abwehrriegel.

So sind im männerbündlerischen DFB-System nicht nur
die Funktionärs-, sondern selbst die Trainerposten bei der
Nationalelf immer unter der Vorgabe besetzt worden, dass die
Kandidaten sich im Verband verdient gemacht hatten: Sepp
Herberger als Assistent des Reichstrainers Otto Nerz, Helmut Schön als Assistent von Herberger, Jupp Derwall als Assistent von Schön und Berti Vogts als DFB-Jugendtrainer.
Auch Erich Ribbeck hatte, bevor er von seinem Altersruhesitz
Teneriffa zurückberufen wurde, neben verschiedenen Bundesligaklubs als Verbandtrainer verschiedene DFB-Auswahl-
teams betreut. Unter anderem als Assistent von Jupp Derwall
die A-Nationalmannschaft. Als der Verband nach Derwalls
Demission Franz Beckenbauer zum Bundestrainer berief,
griff zum ersten Mal eine Alternative, die nicht weniger aussa-
gekräftig war: Als Trainer brachte Beckenbauer außer seiner
erfolgreichen Fußballerbiographie gar keine Legitimation
mit – was später dann auch im Fall von Rudi Völler zutraf.
Erstmals mit der Berufung von Christoph Daum zum Bun-

148

destrainer sollte ein erfolgreicher Vereinscoach ohne Verbandsvergangenheit installiert werden. Bis dahin hatte der DFB das höchste Traineramt im Land nach einer Art Erbfolgeprinzip besetzt und damit nicht unbedingt den innovativen Geist gefördert.

Erneuerungen hat der deutsche Fußball in den letzten zehn Jahren nicht so sehr von oben erfahren, sondern von den Rändern. In Gang gesetzt wurden sie von den Außenseitern der Branche. Obwohl die Sehnsucht nach einem anderen Stil im deutschen Fußball auch vor ein paar Jahren schon sehr groß gewesen ist. Anders jedenfalls lässt sich das Medien-Spektakel kaum erklären, das 1993 der Aufstieg des SC Freiburg in die Bundesliga auslöste. Ob der Sport-Club dabei zum Verein ausgerufen wurde, wo »das Anderssein zum Programm gehört« (*Spiegel*), als »Gegenmodell zum Establishment des Profifußballs« (*Süddeutsche Zeitung*), oder ob auch der deutsche Boulevard die »Breisgau-Brasilianer« für sich entdeckte – die Botschaften, die seinerzeit verbreitet wurden, ähnelten sich so sehr, dass Steffen Irrlinger in der Kulturzeitschrift *Heaven Sent* spottete: »Mittlerweile weiß sogar mein kleiner Bruder, dass beim SC Freiburg ein der RAF nahe stehender Trainer mit 20 Philosophiestudenten das Dream Team der Zweiten Liga gegründet hat, um mit zweimarkfuffzig Taschengeld den deutschen Fußball zu revolutionieren.« War der SC Freiburg, wie es der Literaturkritiker Rainer Moritz lange nach der ersten Euphorie formulierte, also tatsächlich nur »die größte Projektionsfläche der deutschen Kulturszene in den letzten zehn Jahren – mehr nicht«? Mitnichten. Auch wenn das, was seinerzeit über Finkes Fußballschule berichtet wurde, sich meist mit leichten Variationen auf die Formel beschränkte, die für Freiburg zum geflügelten Wort avancierte – »irgendwie anders«.

Finke »redet viel von Gefühl, Leidenschaft, Spaß, weniger von Arbeit«, war dem *Stern* außerdem noch aufgefallen. Und auch der *Spiegel* sah die Idee, »Fußball nicht zu arbeiten, sondern zu spielen«, als das eigentlich Bemerkenswerte am Freiburger Fußball, »statt in kontrollierter Taktik zu erstarren, stürmt die Mannschaft munter drauflos«. Instinktiv haben die Autoren dieser Sätze gespürt, um was es hier in erster Linie ging: um einen Stilbruch. Finkes Freiburger Team praktizierte etwas, was im deutschen Spitzenfußball eher ausgegrenzt war: Statt mit starren Positionen wurde sehr variabel gespielt, statt Mann gegen Mann zu agieren, versuchte man, in Defensive und Offensive möglichst oft in Überzahl zu sein, statt auf das individuelle Durchsetzungsvermögen setzte man auf schnelle Kurzpasskombinationen. Selbst der ansonsten knochentrockene *Kicker* geriet in einen euphorischen Taumel – ohne dabei allerdings zu übersehen, dass das alles sehr wohl mit Arbeit und genauso viel mit taktischem Kalkül zu tun hatte: »Ein starker Wille und taktische Disziplin, sichere Technik, Spritzigkeit, Schnelligkeit, Spielwitz und Tempovariationen, aber auch Geduld zeichnen den neuen Tabellenführer aus. Das ist modernes Fußballtheater, spektakulär, attraktiv und erfolgreich.«

Das Fachmagazin hat seinerzeit auch einen ersten Blick in die Regieanweisungen geworfen, um den Ursachen für die hinreißenden Vorstellungen auf die Spur zu kommen: Das Geheimnis des Spiels lag für den *Kicker* dabei in der Organisation des Mittelfelds. »›Einer rechts, einer links. Und die drei anderen sind freischaffende Künstler‹, charakterisierte Co-Trainer Achim Sarstedt die Fünfer-Kette. ›Ja‹, ergänzt Andreas Zeyer, einer aus der Zentrale, ›wir drei können machen, was wir wollen.‹ Die einzig feste Aufgabenverteilung lautet: Zeyer und der ungemein laufstarke Todt sind eher für die Defensive zuständig als Heidenreich, der hinter den Spitzen der Mann für den letzten Pass ist. Weg also von der starren Pärchenbildung an der Seitenlinie mit einem offensiven und einem defensiven Mann, so wie es zum Beispiel die Nationalelf handhabt.« Neben dieser horizontalen Ungebundenheit des Mittelfelds wurde auch in der Vertikalen so variabel agiert, dass der nominell defensive Jens Todt bei kaum einem Freiburger Angriff die Gelegenheit verpasste, in vorderster Linie mitzustürmen. Und mindestens genauso wichtig wie das frei flottierende Mittelfeld war das Spiel des Liberos, der in Freiburg früher als anderswo vor seine Manndecker beordert wurde.

Die Auftritte der Südbadener lösten damit bei vielen Beobachtern einen Effekt aus, der auch jenseits einzelner taktischer Maßnahmen griff. Der Bruch mit dem, was man als deutschen Fußball bezeichnen konnte, war offensichtlich. Eine Wahrnehmung, die noch befördert wurde durch einen Trainer, der mit selbst gedrehten Zigaretten, Ohrstecker, fehlender Erfahrung im Profi-Kick und 68er-Vergangenheit gleich serienweise mit Insignien der Nonkonformität ausgestattet war. Unfreiwillig arbeitete Finkes Mannschaft in ihrem ersten Bundesligajahr aber auch den restaurativen Kräften zu, als sie zum beliebtesten Dauerverlierer der Liga wurde und das Freiburger Spiel nicht als zukunftsweisend, sondern als idealistischer, zum Scheitern verurteilter Außenseiter-Fußball abgestempelt wurde. Noch schien der SC Freiburg das klassische Muster zu erfüllen, mit dem die Kritik am deutschen Spiel von seinen restaurativen Vertretern stets abgewehrt worden war. Dass nämlich dem attraktiveren Fußball der anderen eins immer gefehlt habe: die Erfolge. »Brotlose Kunst«, um doch nur »in Schönheit zu sterben« – alle gängigen Klischees wurden in Anschlag gebracht, mit denen indirekt auch immer wieder der deutsche Stil legitimiert wurde. Und als zum Ende der ersten Bundesliga-Saison der Abstieg nicht mehr zu vermeiden schien, brachte Dieter Hoeneß, der damalige Manager des VfB Stuttgart, die Borniertheit der Branche gegenüber dem Freiburger Fußball-Modell stellvertretend auf den Punkt: »Wenn die durchkommen, dann haben wir 30 Jahre lang alles falsch gemacht.« Sie kamen durch, und auch die sentimenta-

len Grabredner, die damals ihre Klagegesänge schon ange-
stimmt hatten, irrten. »Die Utopie stirbt stückchenweise«,
schrieb etwa der Journalist Josef-Otto Freudenreich, »mit
jeder Niederlage des SC Freiburg.«

Die Utopie lebte, oder auch nur die realistische Perspektive
für den kulturellen Fortschritt des Spiels. Nicht nur, weil Freiburg den Klassenerhalt doch noch schaffte. Wer es wissen
wollte, wusste, dass anderswo – auf ungleich höherem Niveau – ein Fußball praktiziert wurde, der stilistisch in die gleiche Richtung zielte. So galt Arrigo Sacchi schon Ende der
achtziger Jahre als Revolutionär im italienischen Fußball, weil
er als Trainer des AC Mailand mit der herrschenden Catenac-
cio-Kultur brach. Mit offensivem Kombinationsfußball führte
er seinen Klub nicht nur im europäischen Vereinsfußball an
die Spitze – 1989 und 1990 gewann Milan den Europapokal
der Landesmeister –, sondern setzte über Italien hinaus auch
ein entscheidendes Signal für das Spiel der Zukunft. »Ich bin
nicht berühmt geworden wegen meiner Siege«, hat Sacchi
später gesagt, »sondern wegen der Art und Weise, wie wir ge-
siegt haben – das ist, was zählt.«

Auch in Amsterdam, einem anderen Zentrum der Fußball-
Moderne, zählte Mitte der neunziger Jahre nicht mehr der
Sieg allein. »Wir spielen den schönsten Fußball in Europa«,
behauptete Louis van Gaal, der damalige Ajax-Trainer, »oder
wir versuchen es zumindest.« Der Anspruch, den neuen Fuß-
ballstil auch als Auftrag gegenüber den Zuschauern zu begreifen, verbindet die Reformer offensichtlich über die Grenzen
hinweg. »Prinzipiell finde ich, dass die Zuschauer merken
müssen, dass die Jungs Spaß daran haben, Kombinationsfußball zu spielen«, hatte Volker Finke in Freiburg schon 1993 als
Ziel vorgegeben. Der Kollege Ewald Lienen, zweifelsohne
ebenfalls ein Mitglied der Reform-von-den-Rändern-Bewe-
gung, forderte nicht weniger, als »dass Fußball ein Spektakel
wird«, ein »ästhetischer Hochgenuss«, den »gut ausgebildete,

schnelle, aggressive und technisch perfekte Spieler in einer funktionierenden Mannschaft präsentieren«. Ebenfalls bei Außenseitern der Liga, beim MSV Duisburg und beim FC Hansa Rostock, hat Lienen dann mit bemerkenswertem Erfolg versucht, diese Ziele in die Tat umzusetzen.

Noch viel häufiger als der Spaß fürs Publikum wurde in Freiburg vor Jahren eine Kompensationstheorie bemüht: Weil der Verein seine Konkurrenzfähigkeit nicht darüber gewährleisten könne, nach dem Borussia-Dortmund-Prinzip Spieler zu verpflichten, die ihren jeweiligen Kontrahenten individuell überlegen sind, solle der Standortnachteil quasi durch taktischen Fortschritt ausgeglichen werden. Wenn man so will, ging es also darum, aus der Not eine Taktik zu machen. Ein Muster, nach dem auch Klaus Toppmöller seine Arbeit beim VfL Bochum beschrieben hat, als die Mannschaft 1997 überraschend einen Platz im Uefa-Pokal erreichte: »Wir müssen taktisch besonders stark sein, um in der ersten Liga mithalten zu können. Ich habe nicht die Topspieler wie Sammer, Matthäus, Klinsmann oder wie sie alle heißen, die jetzt in den Spitzenvereinen spielen. Also müssen wir viel mehr Wert auf Ordnung, Disziplin und Taktik legen.«

Moderner Fußball als Strategie, um den Underdogs des Geschäfts das sportliche Überleben zu sichern – was wie ein lustiger Asterix-Plan klingt, hatte auch strukturelle Bedingungen. Toppmöller, Finke und – als letzter in der Reihe der Reformer, die von unten kamen – Ralf Rangnick mit dem SSV Ulm hatten den Höhenflug ihrer Teams jeweils in der Zweiten Liga und unter ähnlichen Voraussetzungen vorbereitet: Weil vergleichsweise wenig Geld zur Verfügung stand, musste mit relativ jungen beziehungsweise unbekannten Spielern gearbeitet werden. Das macht die Sache insgesamt natürlich nicht leichter, hat aber auch Vorteile. Weil gestandene Profis oder gar Stars, wie Volker Finke einmal gesagt hat, »bereits konditionierter sind«.

Sein ehemaliger Spieler Jens Todt hat das lange nach seiner Freiburger Zeit noch pointierter ausgedrückt: »Ein System wie in Freiburg kannst du nur spielen, wenn du keine oder sehr viele Stars in der Mannschaft hast.« Was nichts anderes bedeutet als: Die Unterordnung des einzelnen unter ein Konzept, die zunehmende Aufhebung der Arbeitsteilung mit der Konsequenz, dass sich nominell offensive Mittelfeldspieler und Angreifer an der Arbeit in der Defensive beteiligen und umgekehrt, die Umsetzung eines modernen Spiels also wurde auch dadurch behindert, dass das ausgeprägte Hierarchiedenken, das den Verband und die Klubs bestimmt, sich innerhalb der Teams selber widerspiegelte. Man mag zu den fußballerischen Konzepten der italienischen Trainer Giovanni Trapattoni und Nevio Scala stehen wie man will. Sicher ist, dass bei ihren Deutschland-Gastspielen beide mit ihren taktischen Konzepten auch an der Macht und der Lobbypolitik der etablierten Profis in München und Dortmund gescheitert sind. Trapattoni, als er bei seinem zweiten Anlauf in München die Viererreihe installieren wollte, was Lothar Matthäus die Libero-Position gekostet hätte. Scala, als er Andreas Möller vom zentralen Mittelfeld als hängende Spitze in den Angriff beordern wollte.

Was übrigens und nur am Rande noch ein ganz anderes Schlaglicht auf die Abgeschlossenheit der deutschen Fußballordnung wirft: Sieht man einmal vom Holländer Huub Stevens ab, spielen ausländische Trainer hierzulande kaum mehr eine Rolle. Früher galten gerade sie als Impulsgeber für neue Entwicklungen. Max Merkel, Branco Zebec, Pal Csernai, Ernst Happel und Giovanni Trapattoni sind nur diejenigen, die seit Gründung der Bundesliga mit ihren Mannschaften deutsche Meistertitel gewonnen haben. Zwischen 1979 und 1984 blieb die Meisterschale gar ausschließlich in ausländischer Trainerhand. Seitdem ist Trapattoni der einzige, der es noch einmal geschafft hat – mit Matthäus als Libero. »Es ist ein ständiger Machtkampf«, so hat Ottmar Hitzfeld die Arbeitssituation in den Profikadern deutscher Bundesligaklubs beschrieben und beklagt, dass »zu wenig Akzeptanz und Respekt untereinander herrscht«.

Man könnte das mit großem Medienaufwand beförderte Buhlen um Erbhöfe, das Gezeter nach Nichtnominierungen oder Auswechslungen und die immer wieder eingeforderten Stammplatzgarantien auch anders benennen: Es fehlt an Professionalität. Beim FC Bayern hat Ottmar Hitzfeld sie unter den Bedingungen von Qualitätsüberfülle durchsetzen können und ist damit auf den Spuren italienischer Großklubs. Und taktisch steht Hitzfeld für eine Perestroika, die auch in der Bundesliga längst nicht mehr nur an den Rändern greift.

Do it in the Mix

*Die Post-System-Ära hat auch in den deutschen
Stadien begonnen*

»Der taktische Vorsprung, den wir beim SC Freiburg in der
Bundesliga einmal hatten, ist weg«, hat Volker bei seinem
zehnjährigen Trainer-Jubiläum im Frühjahr 2001 bilanziert.
Dass der SC Freiburg inzwischen in der Mitte des deutschen
Fußballs angekommen ist und kein seltsames Außenseiter-
tum mehr verkörpert, verweist auf dessen Wandel. Niemand
wird deutschen Spitzenklubs wie dem FC Bayern München
oder Bayer Leverkusen noch eine antiquierte Spielweise
unterstellen können. Wenn heute Freiburg gegen Leverkusen
antritt, spielen zwei sehr ähnlich ausgerichtete Mannschaften
gegeneinander – nur dass der Konzernklub die besseren Spieler zur Verfügung hat.

Am deutlichsten lässt sich die rasante Entwicklung der letzten Jahre an der Arbeit von Ottmar Hitzfeld illustrieren. Hitzfelds große Zeit als Trainer von Borussia Dortmund stand
noch eindeutig in der Tradition einer Stilform, bei der Fußball
zu arbeiten als zentrales Merkmal galt. Bis zum Umfallen.
Gegen deutsche Mannschaften, sagte man im Ausland, hast
du erst gewonnen, wenn du unter der Dusche stehst. Der
Gewinn der Champions League 1997, die den größten Tri-
umph und zugleich den Abschluss der Hitzfeld-Ära in Dortmund markierte, war auch der hymnische Abgesang auf diesen Stil, der den Weltfußball über Jahrzehnte mitgeprägt und
mitbestimmt hatte. Man musste an jenem Münchner Mai-
Abend kein Experte sein, um zu sehen, dass der Favorit aus
Turin taktisch flexibler war, wesentlich raum- und vor allem
ballorientierter spielte und allemal auch den attraktiveren
Fußball bot. Aber nach 90 Minuten hatte sich wieder einmal

Gary Linekers Bonmot erfüllt, dass am Ende immer die Deutschen gewinnen – auch wenn in der Dortmunder Mannschaft Brasilianer, Schotten, Portugiesen und Schweizer mitgeholfen hatten. Deutlicher als in ähnlichen Fällen zuvor konnte man aber auch spüren, dass Juventus Turin zwar das Finale verloren, aber die Zukunft des Spiels auf seiner Seite hatte.

Im Frühsommer 2001 gewann Ottmar Hitzfeld zum zweiten Mal die Champions League – jetzt mit dem FC Bayern München. Dieser Sieg stand sicherlich auch unter dem Zeichen einer enormen Willenskraft, die vor allem Oliver Kahn verkörperte. Zugleich aber spielte Hitzfelds FC Bayern dort im Bewusstsein aller taktischen Mittel. Die Zeiten neigen sich dem Ende entgegen, in denen einer wie Freiburgs Trainer Volker Finke im deutschen Spiel noch eindeutige Grenzlinien zwischen »Konzeptfußball« und »Heroenfußball« markieren konnte. Die Heroen haben die Konzepte gelernt. Damit hat der Fußball in den vergangenen Jahren eine weitere Entwicklung vollzogen und nimmt nun eine erneute Wende. Man könnte sagen, dass seine Post-System-Epoche begonnen hat. Auch in Deutschland geht es nicht mehr ums 3-5-2 oder 4-3-3, es verfügt inzwischen die Mehrzahl der Mannschaften – zumindest was ihre Defensivarbeit angeht – über die Elemente, die wir als jene des modernen Fußballs beschrieben haben.

Interessant ist in dem Zusammenhang, dass die Pioniere eines modernen, vom System her innovativen »Konzeptfußballs« häufig Lehrer waren, die als Spieler keine große Karriere gemacht, dafür aber studiert hatten. Einige von ihnen hatten den Lehrerberuf nur angestrebt, andere auch ausgeübt, und viele wirkten von der Trainerbank aus im Stil von Pädagogen. Das gilt für den Holländer Louis van Gaal, der Mitte der neunziger Jahre das letzte große Ajax-Team führte, wie für den Elsässer Arsene Wenger, der Arsenal London von einem sehr englischen in einen komplett europäischen Klub transformierte, oder für den Trainer des französischen Weltmeisters, Aimé Jacquet. In Deutschland trifft es auf den Mathematiklehrer Ottmar Hitzfeld genauso zu wie auf den Oberstudienrat Volker Finke, auf Christoph Daum wie Ralf Rangnick, auf Ewald Lienen wie Hans Meyer.

Sicherlich unterscheiden sich diese Trainer sowohl als Menschen als auch in ihrer Arbeitsweise und Auffassung von Fußball in vielen Punkten sehr stark voneinander. Sie unterscheidet jedoch zugleich von vielen ihrer Kollegen, dass sich ihr Entwurf von Fußball nicht nur aus der Erfahrung vieler Jahre als Profispieler speist, sondern dass sie einen distanzierteren, kühleren oder auch theoretischen Zugang entwickelt haben. Damit waren sie gegenüber vielen anderen Trainern im Vorteil, doch dieser ist kleiner geworden.

»Sie überbewerten die Arbeit der Trainer«, hatte Hans Meyer den Autoren dieses Buches gesagt, nachdem er dessen erste Auflage gelesen hatte. Für den erfahrenen Coach kommt es vor allem auf die Qualität der Spieler an. Das ist bestimmt richtig, doch im deutschen Fußball neigt sich erst jetzt eine Ära dem Ende entgegen, in der die Trainer nicht annähernd auf der Höhe dessen waren, was andernorts längst gespielt wurde. Dass Volker Finke mit dem SC Freiburg über ein Jahrzehnt lang erfolgreich sein konnte, spricht zweifellos für seine außergewöhnlichen Qualitäten als Trainer. Dass er etliche Jahre davon aber im Vergleich zur Konkurrenz mit individuell deutlich schlechter besetzten Mannschaften bestehen konnte, weist auch auf Defizite etlicher Kollegen hin.

Heute ist die Frage nach den Spielern und ihren Fähigkeiten in zweierlei Hinsicht wichtig, in ihrer Befähigung, modernen Fußball zu spielen, und in der Abmischung untereinander. Gibt es also den Verteidiger, der technisch beschlagen genug ist, um auch im Spielaufbau seinen Beitrag zu leisten? Füllt der Mann im defensiven Mittelfeld im richtigen Moment die Lücken in der Abwehr auf und ist dann zu einer konstruktiven Spieleröffnung in der Lage? Ist der Mittelstürmer taktisch beschlagen genug, um im Fall des Ballverlusts gleich in der Defensive mitzuarbeiten? Ob man diese Frage bejaht oder verneint, ist derzeit oft noch eine Generationsfrage. Ältere Bundesligaprofis, die häufig noch in der Vorstellung von Fußball als mannorientiertem Spiel aufgewachsen sind, tun sich oft schwer, wenn es ballorientiert zugehen soll. Noch immer sieht man in der Bundesliga reine Spezialisten fürs Verteidigen oder solche fürs Tore erzielen. Deshalb erlebt man es in der Bundesliga selbst heute noch, vor allem wenn Teams eine sportliche Krise meistern müssen, dass ihre Trainer auf alte Muster von Manndeckung zurückgreifen. Sie gehen in solch einem Fall davon aus, dass ihre Profis darin Sicherheit finden, weil sie diese Spielweise von klein auf praktiziert haben. Der Transformationsprozess wird hierzulande also erst dann abgeschlossen sein, wenn alle Spieler eine andere Art von fußballerischer Grundausbildung durchlaufen haben, in der ballorientierte Gegnerdeckung eine Selbstverständlichkeit ist. »Wir haben immer gesagt bekommen, dass wir eng am Mann sein sollen, dabei verliert man dabei oft den Ball aus den Augen«, hat Paul Breitner in einem seiner hellsichtigeren Momente festgestellt. Das ist schön gesagt und beschreibt den Lernschritt, den wir gerade erleben.

Bixente Lizarazu und Willy Sagnol, die französischen Nationalspieler beim FC Bayern München, haben mehrfach darauf hingewiesen, dass ihre deutschen Kollegen taktisch nicht so gut geschult seien wie sie selbst. Das ist das retardierende Moment im Modernisierungsprozess des deutschen Fußballs. Flexibilität im Spiel und das selbstverständliche Wissen, wie man sich in den verengten Räumen des modernen Fußballs zu verhalten hat, fehlt hierzulande selbst Trainern im Profifußball noch mitunter. Wie sollen sie es dann an ihre Spieler weitergeben? All das lässt deutsche Mannschaften im internationalen Vergleich oft starrer erscheinen. Doch trotz dieser Einschränkung sind die Dinge in den letzten Jahre gehörig in Bewegung gekommen. Und damit stellen sich die Aufgaben neu.

»Die Balance innerhalb einer Mannschaft zu finden, ist ein Hobby von mir«, sagt Hans Meyer, der als Trainer von Borussia Mönchengladbach auch im Westen Deutschlands die Anerkennung fand, die er sich im Osten schon lange erworben hatte. Meyer denkt sich die Balance als ein Gleichgewicht unterschiedlicher Spieler und Spielertypen, zwischen verträumten Dribblern und robusten Kämpfern, soliden Organisierern und inspirierten Künstlern. Mit Huub Stevens braucht man gar nicht den Versuch zu unternehmen, über Systeme zu sprechen. »Das interessiert mich nicht«, meint der Trainer, der mit Schalke 04 den Uefa-Cup gewann und zumindest »Meister der Herzen« wurde. Das ist keine Verweigerungshaltung des Holländers, nur ist für ihn das Raster dabei viel zu groß. »Bei einer Mannschaft kommt es auf die Organisation an«, sagt er.

In solchen Überlegungen begegnet uns der fast vier Jahrzehnte alte Wunsch von Sir Alf Ramsey wieder, die Mischung finden zu wollen. Der englische Journalist Arthur Hopcraft hatte über Ramsey geschrieben, dass er auf dem Weg zum Gewinn der Weltmeisterschaft 1966 den Spielern keine Positionsnamen, sondern Jobs gab. Bei Ajax-Trainer Louis van Gaal galt das Gegenteil. Van Gaal gab seinen Spielern keine Namen, sondern Nummern. Bei Ajax Amsterdam wurde in einem von Kindesbeinen an immergleichen System der Nachwuchs für die entsprechenden Nummern ausgebildet. Eine Zeit lang galt das als zukunftsweisend, heute ist es das nicht mehr.

Es gibt heute keinen »Konzeptfußball« mehr, der einem anderen grundsätzlich überlegen wäre. Das ist eine Erscheinung der Post-System-Epoche. Die Elemente von modernem Fußball stehen heute allen zur Verfügung und werden von den meisten Trainern auch benutzt. Womit, da hat Hans Meyer

160

Recht, die einzelnen Spieler wieder mehr in den Vordergrund rücken. Selten nur noch wird mit der besseren Spielauffassung die individuelle Überlegenheit des Gegners kompensiert, wie das einst die Reformer in Bochum, Freiburg, Rostock oder Ulm vorgemacht haben. Vielmehr geht es jetzt darum, innerhalb einer insgesamt zeitgemäß ausgerichteten taktischen Ordnung die adäquate Mischung an Akteuren herauszufinden, mit der die Aufgaben gelöst werden können. Anders gesagt: Das richtige Verschieben, um Räume zuzustellen, oder ein reibungsloses Übernehmen und Übergeben der gegnerischen Offensivspieler sollte bei allen Einschränkungen mittlerweile genauso zum Grundrüstzeug von Bundesligamannschaften gehören wie der Wechsel vom Defensiv- zum Offensivpressing oder ein flexibles Liberospiel.

So rückt der Einzelne zwar wieder ins Zentrum der Überlegungen – aber auf einer völlig neuen Basis. Die Frage lautet nun: Wie können auf der Folie einer zeitgemäßen Grundordnung individuelle Qualitäten Erfolg versprechend aktiviert werden? Ziel eines Trainers ist es dabei, möglichst variantenreich auftreten zu können. Anders herum gesagt: Ist das Repertoire einer Mannschaft sehr überschaubar, liegt darin auch immer eine Gefahr. Was sich beispielsweise an der Entwicklung des 1. FC Köln nach seinem Aufstieg 2000 gezeigt hat. Durchaus nachvollziehbar hat das Team mit seinem Trainer Ewald Lienen damals das Prinzip des schnellen Konterspiels perfektioniert und damit als Aufsteiger eine überraschend starke Saison gespielt. In der zweiten Erstliga-Saison der Kölner war die spezifische Stärke ihres Spiels erstens bekannt, zweitens gingen sie weitaus seltener als potentieller Außenseiter in die Matches, und drittens wurde Christian Timm, der herausragende Protagonist des schnellen Konterspiels, durch eine Langzeitverletzung aus dem Rennen geworfen. Weil mit Marco Reich auch der Neuzugang zunächst nicht Fuß fasste, der mit vergleichbaren Qualitäten wie Timm ausgestattet ist, schlitterte Lienens Mannschaft prompt in die Krise. Aber auch, weil der Entwicklungsschritt Schwierigkeiten bereitete, mit den vorhandenen Akteuren die dominierende Rolle im Spiel gegen einen eher zurückgezogen agierenden Gegner zu übernehmen.

Während solche Phänomene noch von einer interessierten Öffentlichkeit diskutiert werden, bleiben die Nuancen, die Verästelungen, mit denen Trainer versuchen, das Grundkonzept ihres Teams zu verfeinern oder auf den jeweiligen Gegner auszurichten, oft unbemerkt. So hat der SC Freiburg in den letzten beiden Jahren im zentralen Mittelfeld einen zweiten offensiven Spieler eingebaut und auf einen nominell eher defensiven verzichtet. Um die Balance zu wahren, wurden dafür die Außenbahnen mit einer insgesamt defensiveren Grundausrichtung versehen. Auch das war – wie das Kölner Stilprinzip des Konterspiels – eine Grundsatzentscheidung.

Jenseits solch grundsätzlicher Weichenstellungen, die das befördern, was wir den Stil einer Mannschaft genannt haben, kommt der Detailarbeit eine immer größere Bedeutung zu. Ob man es Balance oder anders nennt, der Mix macht's. Prototypisch führt das Ottmar Hitzfeld in München vor. Während andere Trainer von einer optimal gemischten Mannschaft sprechen, stellt er unter dem Stichwort »Rotation« den Mix stets neu her. Damit verblüfft er nicht nur immer wieder seine Spieler, sondern hat sich auch ihre Bewunderung verdient.

Es ist dabei ein weit verbreiteter Trugschluss, dass diese Rotation allein das Ziel hat, den Kräfteverschleiß der extrem hoch belasteten Bayern-Spieler zu kompensieren. Sie dient genauso dazu, den Variantenreichtum des Bayern-Spiels zu erhöhen. So hat Hitzfeld in der Champions-League-Saison 2000/01 beim 1:0-Sieg der Bayern bei Real Madrid Hasan Salihamidzic statt mit der angestammten rechten Außenbahn mit einer fast reinen Rechtsaußenrolle betraut und mit diesem kleinen aber folgenreichen Schachzug einen der hinreißendsten Auftritte der Bayern unter seiner Regie begünstigt. Weil die Madrider damit nicht nur durch die unerwartet offensive Ausrichtung der Münchner überrascht wurden, sondern gleichzeitig auch der für Reals Offensivspiel außerordentlich wichtige Roberto Carlos weitgehend in die Defensivarbeit gezwungen wurde.

Wie es auch genau umgekehrt gehen kann, bewies Hitzfeld in der folgenden Saison, als die Bayern bei den überragend in die Bundesliga gestarteten Dortmunder Borussen antreten mussten. Ohne die verletzten zentralen Eröffnungsspieler Stefan Effenberg und Mehmet Scholl entschied sich Hitzfeld für einen überraschenden Coup. Er setzte auf den nominellen Kreativpositionen im zentralen Mittelfeld Akteure ein, deren spezifische Stärken in der Defensive liegen. Die vermeintlich überragende Dortmunder Offensive wurde lahm gelegt, und ein kühler Bayern-Konterfußball behielt souverän die Oberhand.

Man darf nun aber nicht glauben, dass taktische Bauerntricks das Spiel der Moderne bestimmen. Bei alldem geht es allein um feine Nuancierungen, die bestehende Konzepte mal in diese und mal in jene Richtung variieren. Wenn man so will, ist Ottmar Hitzfeld der Mixmaster des internationalen Fußballs, und das ist die größte Auszeichnung, die derzeit zu vergeben ist. Vor allem, weil ein Trainer sie trägt, der in Deutschland arbeitet. Dort also, wo die Tradition bis in die letzten Jahre herein vom Heroenfußball bestimmt war. Allemal bei einem Verein wie Bayern München, wo die Zeiten noch nicht lange vorbei sind, in denen die Nicht-Nominierung eines vermeintlichen Stars für die erste Elf fast zwangsläufig innere Zerwürfnisse und öffentliche Scharmützel nach sich zog.

Um der Meister der richtigen Mischung zu werden, musste Hitzfeld deshalb zunächst eine Vorarbeit leisten, die genauso hoch einzuschätzen ist wie seine Fähigkeit, zum richtigen Zeitpunkt die richtige Elf auf den Platz zu schicken. Er musste dem Konglomerat aus Fußballstars vermitteln, dass für Egoismus und Eitelkeiten kein Platz mehr ist, wenn man im modernen Fußball in der internationalen Spitze mit dabei sein will. Um die Möglichkeiten eines hochkarätig besetzten Kaders auszuschöpfen, ist die professionelle Mitarbeit aller nötig. Auch derjenigen, die am Samstag oder auch mal über Wochen nur zuschauen dürfen, weil sie tatsächlich eine Pause brauchen, oder weil sie an diesem Tag einfach nur nicht zu der Mischung zählen, die für den Trainer die optimale Aussicht auf Erfolg birgt.

Wer das dagegen noch immer als Zurücksetzung begreift und als beleidigte Leberwurst den professionellen Arbeitsablauf stört, hat von der Komplexität des Spiels wenig verstanden und keinen Platz in den Teams der guten Trainer. Hitzfelds Leistung, diese Einsicht im Bayern-Kader zu implantieren, wiegt auch deshalb so schwer, weil das Medienspektakel Fußball in Deutschland – anders als der Sport selber – immer noch nach den traditionellen Mustern inszeniert wird. Rückt ein vermeintlicher Kandidat für die erste Elf auf die Bank, dann wird er von Journalisten nach seiner Laune gefragt werden – in der Hoffnung er hat schlechte und sorgt mit unbedachten Äußerungen für eine jener unzähligen Neid- und Missgunst-Geschichten, mit denen das Medienspektakel Fußball hierzulande in Gang gehalten wird.

Detaillierte taktische Überlegungen werden in der Öffentlichkeit dagegen selten diskutiert. Obwohl sie doch in einer Intensität angestellt werden wie nie zuvor, seit die akribische Suche nach der richtigen Mischung immer weiter ins Zentrum der Tätigkeiten eines Trainers rückt. Und nicht nur, was die Elf angeht, die das Spiel beginnt. Trainer, die verantwortungsbewusst arbeiten, zerbrechen sich auch den Kopf darüber, wie sie ihre Ersatzbank so besetzen, dass sie je nach Spielentwicklung adäquat reagieren können. Wer einen defensiven Gegner erwartet und deshalb in der Erwartung der eigenen Überlegenheit zwei Strafraumstürmer aufs Feld schickt, wird in aller Regel für den Fall, dass er in Führung geht und der Gegner die Initiative im Vorwärtsspiel übernehmen muss, den klassischen Konterstürmer in der Hinterhand haben – und nicht mehr nur den kopfballstarken Defensivspieler, der hilft, den Vorsprung ins Ziel zu bringen.

Genauso wie zu den eigenen Strategien wird der Trainer sich aber auch Gedanken darüber machen, wie der Kollege auf der Bank des Gegners auf potentielle Entwicklungen des Spiels reagieren kann und was er selber dann an möglichen Antworten parat hat. So wie sich auch die Suche nach der richtigen Mischung immer ganz grundsätzlich an zwei Linien orientiert, die sich teilweise auch überschneiden. Die erste: Welche Mischung schafft die optimalen Voraussetzungen, um die eigene Spielidee durchzusetzen. Und die zweite: Mit welcher Mischung schafft man es, die Stärken des Gegners zu kontrollieren und seine Schwächen zu nutzen. Das erfordert Abwägung, weil alles zusammen natürlich nie gelingen kann. Hat der Gegner in der Defensive eher grobschlächtige, aber nicht sehr schnelle Spieler, dann wird man die vielleicht mit seinen wendigsten und schnellsten Offensivspielern zu ärgern versuchen. Zu bedenken gilt es dann aber auch: Hat man noch genügend kopfballstarke Spieler auf dem Platz, um bei Standardsituationen die aufrückenden gegnerischen Abwehrspieler kontrollieren zu können? Die letzte Entscheidung über die erste Elf wird deshalb oft eine sein, die einen Kompromiss aus ganz unterschiedlichen taktischen Überlegungen sucht.

Womit wir wieder beim Begriff Balance angelangt sind. Der nicht mehr nur bei der Nominierung der ersten Elf und der Ersatzbank eine Rolle spielt, sondern auch bei der Zusammenstellung des gesamten Kaders. Für jede Position zwei gleichwertige Spieler zu haben, galt und gilt noch häufig als das Maß der Dinge. Wo am fortschrittlichsten geplant wird, geht man einen Schritt weiter und sucht nach unterschiedlichen Qualitäten für identische Positionen, um damit das Spiel mit den Möglichkeiten zu erweitern.

Das klingt verzwickt, aufwändig, kompliziert und ist es auch. Fußball ist so anspruchsvoll geworden, wie er es nie zuvor gewesen ist: athletisch, technisch und taktisch. Aber das Ziel ist das gleiche geblieben: zu gewinnen und schön zu spielen.

Samstag um halb vier

Wenn die Theorie ins Stadion kommt

Und jetzt? Was gilt alle schnöde Theorie noch Samstag um halb vier? Wenn's losgeht und die schlichteste aller Wahrheiten ihr Recht fordert: Entscheidend is aufm Platz. Nur was ist da eigentlich entscheidend? Einrückende Außenbahnen? Ausrückende Innenverteidiger? Viererketten, Dreierblöcke oder Zwei-gegen-eins-Situationen? Spieleröffner im Abwehrzentrum oder Verschiebebahnhöfe im Mittelfeld? Überzahl in Ballnähe oder Pärchenbildung an den Seiten? Und wie um Himmels willen soll einer da noch durchsteigen?

Keine Angst, wie immer. Fußball ist eine Herzensangelegenheit geblieben. Man kann das gute Spiel spüren im Stadion, und wenn es sich von seiner besten Seite zeigt, dann kann man es manchmal auf eine ganz eigene Art sogar hören: als sich steigerndes Raunen, als ein kollektives »Ah« und »Oh«, das den gelungenen Kombinationsfluss begleitet und stets bereit ist, in helle Begeisterung umzuschlagen, wenn es die Heimmannschaft ist, die sich gerade nach vorne kombiniert; oder das fast ehrfürchtig und dabei immer auch ein wenig ängstlich klingt, wenn der Gegner die Grenzen des Spiels ausreizt. Den Fußball auf der Höhe der Zeit erkennt man also einfach daran, dass man ihm nicht widerstehen kann. Er ist kreativ und witzig, er überrascht mit unerwarteten Pointen, und er ist ein Grenzverletzer im positiven Sinne: weil er immer neu beweist, dass gehen kann, was man noch Sekunden vorher für unmöglich gehalten hätte.

Aber war das nicht zu allen Zeiten so? Doch, das war es. Nur dass die Mittel andere geworden sind, über die ein attraktives Spiel funktioniert. Wir könnten auch sagen: Mit der ungleich verbesserten Physis seiner Protagonisten hat sich in den letzten 15 Jahren auch die Theorie des Spiels entscheidend verändert. Geblieben ist aber, was im Fußball immer so war: dass der Fan mehr leidet als jauchzt, dass er über seine Mannschaft mehr Tränen vergießt, als er zu lachen hat, dass Theorie und Praxis nur in seltenen glücklichen Momenten übereinkommen. Wer dem Sport anhängt, muss also auch weiterhin einen beträchtlichen Teil seiner unglücklichen Liebe darauf verwenden, nach Erklärungen zu fahnden, wie endlich alles besser werden könnte – allein und zusammen mit den Leidensgenossen, im Stadion und am Stammtisch, im Büro und in der Uni-Cafeteria.

Verändern werden sich dabei aber die Fahndungsraster. Nicht auf einen Schlag, sondern Stück für Stück. Denn der Blick aufs Spielfeld ist stets ein konditionierter. Man sieht, was man zu sehen gelernt hat – im Jugendtraining, in der eigenen Aktivenzeit, auf dem Bolzplatz oder bei unzähligen Besuchen im Stadion. In 15 Jahren wird man mit anderen Augen auf den Platz schauen, als man das vor 20 Jahren getan hat und als man es im Moment tut. Der Fußball ist in einer Zeit des Umbruchs, hierzulande mehr als in Frankreich oder Brasilien, aber ähnlich wie zum Beispiel in England. Das hängt mit den Rahmenbedingungen des Spiels zusammen und viel auch damit, dass sich bei der letzten Weltmeisterschaft in Frankreich auf breiter Linie ein Stil durchgesetzt hat, der nicht allein attraktiv war, sondern auch erfolgreich: der ein Muster vorgegeben hat für das Spiel auf der Höhe der Zeit.

Es ist kein Zufall, dass die Strategien dieses neuen Spiels in der Bundesliga mittlerweile nicht mehr nur von den vermeintlichen Underdogs eingeübt werden, um ihre individuelle Unterlegenheit zu kompensieren; es ist im Gegenteil nur konsequent, dass nach vielen Jahren des restaurativen Stillstands der taktische Erneuerungsprozess im deutschen Spitzenfußball auch insgesamt gegriffen hat. Auch bei den Fans wird sich in den kommenden Jahren ein anderer Blick aufs Spielfeld durchsetzen und sukzessive die kollektive Wahrnehmung der taktischen Zusammenhänge verändern. Die alten Parameter werden durch neue ersetzt werden. Manndecker, die bei eigenem Ballbesitz merkwürdig unbeholfen wirken, werden uns genauso befremden, wie wir uns früher gewundert haben, wenn Berti Vogts sich ins Angriffsspiel eingeschaltet hat. Selbst wenn wir die Theorie von Louis van Gaal nicht teilen, dass die Akteure im Abwehrzentrum die Spielmacher der Gegenwart sein müssen, werden wir von der hintersten Reihe mehr Kreativität erwarten als je zuvor. Lange Flugbälle nach vorne, die nicht präzise einen Konter eröffnen, werden uns bald vorkommen wie früher der Schlag übers Tribünendach, und die Spieler im Abwehrzentrum werden wir deshalb künftig immer mehr auch danach beurteilen, wie sie mit kurzen schnellen Pässen das Angriffsspiel eröffnen.

Geraten sie aber doch so in Bedrängnis, dass der Weg nach vorne versperrt ist, dann werden wir auch keine schweißnassen Hände mehr haben, wenn der Rückpass zum Torhüter gespielt wird. Die meisten Verteidiger, die unter Druck stehen, werden dann den Weg »hinten rum« so selbstverständlich wählen, wie das die holländischen Nationalspieler bei ihrem Keeper Edwin van der Saar einst vorgemacht haben, der als Pionier des modernen Torhüterspiels gilt. Weil er nicht nur den pfleglichen Umgang mit dem Ball beherrscht und seiner Mannschaft damit Sicherheit gibt, sondern weil er, wenn er angespielt wird, statt den Ball möglichst weit nach vorne zu schlagen, meist einen gut postierten Mitspieler sucht, um mit einem kurzen Pass das Kombinationsspiel in Gang zu setzen.

Genauso wie die blinden langen Schläge der Torhüter werden wir irgendwann auch diagonale Flanken in den Strafraum allenfalls als letztes verzweifeltes Brechstangen-Mittel akzeptieren, wenn eine Mannschaft fünf Minuten vor Schluss einen Rückstand aufholen muss und ihre kopfballstärksten Spieler ins Zentrum beordert worden sind. Mit Grausen werden wir uns dann vielleicht erinnern, wie die deutsche Mannschaft noch bei der WM in Frankreich fast ihr komplettes Offensivspiel auf diese überkommene Variante zugeschnitten hatte. Das Flügelspiel werden wir nicht mehr mit Libudas und Grabowskis im Hinterkopf als One-Man-Show begreifen, sondern als Aufgabe einer Kleingruppe, die mal aus einem Stürmer, einem offensiven Mittelfeldspieler und dem Außenbahnspieler zusammengesetzt wird und ein anderes Mal einen aufrückenden Innenverteidiger zu ihrem Personal zählt.

Die komplett Verrückten werden dazu wahrscheinlich auch noch die Strategien goutieren, über die das Durchspiel an der Seite versucht wird. Das Hinterlaufen zum Beispiel, was bedeutet: Der ballführende Spieler am Flügel wird an der Außenseite mit hohem Tempo von einem Kollegen überholt, der damit eine Anspielstation im Rücken des Verteidigers eröffnet. Oder das so genannte Spiel über den dritten Mann, was quasi nichts anderes bedeutet als die moderne Fortschreibung des guten alten Doppelpasses: Der Flügelmann wird dabei zum Beispiel von hinten kurz angespielt, der Anspieler hinterläuft den Flügel, die Verteidiger haben einen Doppelpass erwartet, der Flügelmann hat den Ball aber nach innen prallen lassen, wo sich ein Mittelfeldspieler kurz anbietet, der wiederum dem außen Durchgestarteten direkt in den Lauf spielt. Aber wenn uns das ein Trainer als neueste Erfindung verkaufen will, wissen wir, dass Johan Cruyff schon vor 30 Jahren das Spiel über den dritten Mann aufzog.

Wer diese mikrokosmischen Zusammenhänge weder kennt noch je kennen lernen will, wird trotzdem um das Ziel des Flügelspiels wissen: Einer von den drei Beteiligten soll am Ende mit dem Ball am Fuß den Weg Richtung Grundlinie offen haben. Von dort ist die hohe Flanke in den Strafraum längst nur noch eine Variante – und der scharfe, flache Rückpass in den Rücken der Abwehr oft die bessere. Wie wir uns auch insgesamt daran gewöhnen werden, dass lange Flugbälle, die in der Netzer-Overath-Dekade des Spiels als höchste Kunstform galten, im zeitgemäßen Spiel nur noch als Farbtupfer vorkommen. Weil Raum und Zeit meist gar nicht da sind, um sie zu spielen. Mehr noch aber, weil man eine gut gestaffelte Defensive mit dem langen Ball zunächst einmal selten überraschen kann.

Schnelle Ballstafetten sind deshalb ein zentrales Kennzeichen, an dem wir das moderne Spiel erkennen. Dazu muss der Ball erstens flach und zweitens seine Verweildauer bei einem Spieler möglichst kurz gehalten werden, drittens müssen dem, der angespielt wird, sofort wieder zwei andere Hilfestellung leisten. Das macht den Kombinationsfluss unberechenbar, und wer sich damit aus der Enge freimacht, kann dann unter Umständen mit einem Flugball auf die andere Seite vollends für Konfusion in der Abwehr sorgen. Wenn sich dort einer frei gelaufen und damit eine der Grundvoraussetzungen des zeitgenössischen Spiels demonstriert hat: das intensive Spiel ohne Ball. Wer sich den Spaß machen will, könnte mit dem verkehrten Blick aufs Spielfeld erkunden: Was machen die, die den Ball gerade nicht haben? Der Bienenschwarmeffekt in der Nähe des Balls ist dabei ein Bild, das das Spiel prägt. Vorbei die Zeiten, als einer oder zwei einen Weg angezeigt haben, einer spielte und der Rest das Ganze erst einmal aus sicherer Distanz beobachtet hat. Wer auf engem Raum schnell kombinieren will, muss dort viele Spieler haben, die möglichst in Bewegung sind.

Der Gegner wird natürlich versuchen, dagegenzuhalten, und während wir früher immer wussten, wer es mit wem zu tun hat, wundern wir uns schon jetzt nicht mehr, wenn bereits im Mittelfeld die Zusammenballung angreifender und verteidigender Spieler nur noch den Ball als Fixpunkt hat, während das Wer-gegen-Wen wild durcheinander wechselt. Immer selbstverständlicher wird es für uns werden, dass der Libero bei diesem Geraufe selten fehlt, weil er sich früh aus dem

Abwehrzentrum löst, um schon im Mittelfeld den Gewinn des Balles voranzutreiben. Vielleicht wird man sich dabei auch erinnern, dass Matthias Sammer schon vor ein paar Jahren immer weit vor der Abwehr hitzig in jedem Mittelfeldgetümmel mit dabei war – und der moderne Libero damit schon erfunden war, bevor er wahrgenommen und bevor viel darüber geredet wurde und sich diese Interpretation der Rolle dann immer weiter durchgesetzt hat.

Wie überhaupt alles im Fußball prozesshaft verläuft, weshalb man von der Tribüne mittlerweile manches für selbstverständlich nimmt, was vor Jahren noch für Verwunderung gesorgt hätte. Stürmer, die für die Mannschaft arbeiten, zum Beispiel. 1990 lag noch ein ganzes Land Jürgen Klinsmann zu Füßen, als er – in einem tatsächlich hinreißenden Spiel – den Platzverweis von Rudi Völler im WM-Spiel gegen Holland ausglich, indem er mit einem enormen Laufpensum immer wieder als Anspielstation in der Spitze auftauchte und dort den Ball hielt, bis Hilfe nachgerückt war. Heute ist der Angreifer, der viel für die Mannschaft arbeitet, in vielen Teams eine Selbstverständlichkeit – und wenn er dabei wenig trifft, bei den Fans oft wenig beliebt. Obwohl eine Ballverwahrstation in vorderster Linie immer wichtiger wird und damit Stürmer, die sich mit dem Rücken zum Tor anspielen lassen und den Ball dann sichern können, um nachrückende Kollegen in torgefährliche Positionen zu bringen. Aber der Rackerer im Angriffszentrum, der ohne Unterlass auf die Flügel ausweicht, um anderen den Weg übers Zentrum frei zu machen, der den Ball halten kann und beim Weg in die gefährliche Zone den wichtigen Anspieler abgibt und dazu bei jedem Ballverlust in vorderster Linie die Defensivarbeit aufnimmt, muss auf die ihm gebührende Anerkennung offensichtlich noch warten. So spotteten Dortmunder Fans über den außerordentlich spielintelligenten und für die Defensive wichtigen Zentrumsstürmer Jan Koller: Auch Monate nach seiner Ankunft in der

Bundesliga würden die Torhüter den Angreifer immer noch nicht auf der Straße erkennen – weil sie im Spiel immer nur seinen Rücken sehen könnten. Das Abenteuer des zeitgemäßen Spiels birgt auch für die Tribüne noch viele unbekannte Geheimnisse.

Zum Beispiel das, wie es Ottmar Hitzfeld oder Volker Finke über Jahre hinweg geschafft haben, immer wieder die richtige Mischung an Spielern zusammenzustellen, um auf der Folie des modernen Spiels den Rahmen ihrer individuellen Möglichkeiten auszureizen. Wie dieser Mix nicht nur von Saison zu Saison abgestimmt wird, sondern auch von Spiel zu Spiel und je nach Gegner. Und wie durch strategische Wechsel oder den Wechsel der Strategie selbst innerhalb eines laufenden Spiels verblüffende Wirkung erzielt werden kann. Wir werden die Rezepturen zumindest teilweise durchschauen lernen und nicht mehr überrascht sein, wenn ein zweifacher Torschütze bei eigener Führung vom Feld geht und kein zusätzlicher Verteidiger kommt, sondern ein pfeilschneller Konterstürmer.

So wie wir uns schon lange nicht mehr darüber wundern, dass man auf der zentralen Achse Torhüter-Libero-Spielmacher- Mittelstürmer enger zusammengerückt ist. Auch das ein Bild, das noch einmal verdeutlicht, dass die Zusammenballung im Mittelfeld das markanteste Zeichen des Spiels geworden ist. Die Fetischisten unter uns werden auch dann noch fasziniert sein, wenn in dieser drangvollen Enge die Lücken von beiden Seiten so perfekt geschlossen werden, dass beide Mannschaften immer wieder vergeblich versuchen, aus ihr freizukommen – zumindest solange man spürt, dass es passieren wird, in den nächsten 10 Sekunden oder vielleicht auch erst in 20 Minuten.

All die anderen harren nur aus der Sehnsucht nach diesem Moment aus, wie sie das im Prinzip immer schon getan haben. Und wenn es so weit ist, gibt es für die meisten auch nicht mehr viel zu erklären. Weil das Spiel dann einen Rhythmus aufnimmt, der draußen sofort Resonanz findet. Der den Puls beschleunigt, und wie das Spiel sich aus der Enge frei macht, löst es dabei auf den Rängen die gespannte Erwartung. Dann helfen Abwehrspieler mit, die Offensive zu beschleunigen, und defensive Mittelfeldspieler reißen mit ihren Diagonalläufen Lücken in die gegnerische Abwehr, Stürmer bieten sich kurz an, um die Taktfrequenz des zirkulierenden Balles noch weiter zu erhöhen, der Libero findet plötzlich die winzige Lücke, durch die der Angriff unaufhaltsam in Gang gesetzt wird – und manche werden draußen dann den ganzen Weg nachvollziehen können, andere in groben Zügen, aber alle werden dabei spüren, dass das Spiel zu sich gefunden hat.

All that Jazz

Eine Entschuldigung zum Glück

Auf metaphorischer Ebene besteht schon lange eine enge Verbindung zwischen Musik und Tanz auf der einen sowie Fußball auf der anderen Seite. Da führen Dirigenten im Mittelfeld den Taktstock, werden Gegner zum Tanz gebeten oder hilflose Verteidiger ausgetanzt. Trainer fordern von ihren Mannschaften hier eine Rhythmusänderung und dort eine Tempoverschleppung, als wären die Spieler Mitglieder einer Jazz-Combo. Bei Weltmeisterschaften staunen europäische Reporter regelmäßig über afrikanische Mannschaften, deren Spiel stets voller Musik ist – und Brasilien spielt sowieso immer Samba-Fußball.

Aber spielen sie in Wirklichkeit nur zum Takt von Militärkapellen? »Unter dem Aspekt der Organisationsästhetik erweist sich der Fußball nicht als ein Sport von Tänzern, sondern von Soldaten«, schreibt der Historiker Christoph Bausenwein in seinem Buch »Geheimnis Fußball«. Gliederung des Raums, Verteilung im Raum, Zuweisung von Funktionen, Aufbau taktischer Einheiten und deren kombinierter Einsatz im Rahmen bestimmter Strategien, diese ganz und gar unmusikalischen Aufgaben würden militärischer Logik folgen und das Nachdenken über Systeme und Taktik im Fußball bestimmen, meint der Autor.

Andererseits haben wir gesehen, wie hierarchische Strukturen im modernen Fußball unwichtiger geworden sind. Früher mögen sich die Trainer auf ihren Bänken am Spielfeldrand wie Kriegsherren gefühlt haben. Dass sich Dettmar Cramer als Napoleon fotografieren ließ, war nicht nur ein guter Witz über seine Körpergröße, sondern drückte auch eine Geistesverwandtschaft aus. Schließlich wollte Cramer auf dem mentalen Feldherrenhügel, dass seine Taktik aufging – »macht mir den linken Flügel stark«. Dazu zählte auf dem Platz der Kampf Mann gegen Mann, und die Leitwölfe sorgten dafür, dass in den Stahlgewittern der Zweikämpfe alle mitheulten.

Für Untertanengeist ist heute jedoch kein Raum mehr, was vielleicht einer der Gründe dafür ist, warum sich deutscher Fußball mit modernen Prinzipien so schwer tut. Die Aufgaben auf dem Feld sind im Vergleich zur einfachen Abrichtung auf den Gegenspieler komplex geworden, eigene Initiative und Mitspielen auch fern vom Ball sind gefragt. Inzwischen gibt es keine Arbeitsteilung mehr zwischen dem, der die Bälle holt, und dem, der sie danach kunstvoll verteilt. Das Vasallensystem von Macher und Wasserträger ist passé, Männer allein fürs Grobe und solche fürs Feine sind das Konzept von gestern. Moderne Strukturen im Spiel folgen der Logik flacher Hierarchien und bedeuten eine Abkehr von der Vorstellung, dass nur die im Zweikampf aktivierte Aggression zum Erfolg führt. Dazu begünstigt die veränderte Regelgestaltung und ihre engere Auslegung eine weitere Zivilisierung des Spiels zum Schutz der Akteure. Das mag auch darin begründet liegen, dass die Spieler wertvollere Produktionsmittel geworden sind, auf jeden Fall ist das Spiel dadurch weniger stumpf geworden und weniger brutal: Ein Fußballspiel stellt heute keine Schlacht mehr nach. Im Stil des modernen Fußballs drückt sich vielmehr aus, was auch sonst in der Gesellschaft gefordert ist: Eigenverantwortlichkeit, Mobilität, flache Hierarchien und Internationalität.

Der Weltmarkt für Fußball, also der globale Handel mit Fernsehrechten und vor allem die internationale Migration von Arbeitskräften hat zugleich dafür gesorgt, nationale Stile zum Verschwinden zu bringen. Selbst die letzten Bastionen der reinen Lehre haben sich längst weit für fremde Einflüsse geöffnet. Urenglische Mannschaften wie der FC Chelsea oder Arsenal London spielen italienischen oder französischen Fußball. In Glasgow jubeln die Zuschauer schwedischen oder por-

tugiesischen Torjägern zu, während brasilianische Nationalspieler in La Coruna, Rom oder Leverkusen europäische Tak-
tikschulungen durchlaufen. Ein nigerianischer Angreifer wird
in Polen zum Nationalheld, ein Koreaner zum Star in Belgien,
während der FC Barcelona zwischenzeitlich auf dem Weg
schien, schlussendlich die gesamte holländische Nationalmannschaft aufzubieten. All das trägt unaufhaltsam zu einer
Art von globalem Fußball-Stil bei. Die Weltmeisterschaft 1998
in Frankreich markierte dabei nicht nur die Auflösung der
Systeme, sie zeigte auch, dass nur noch mit Mühe von einem
brasilianischen, italienischen oder englischen Stil gesprochen
werden kann. Auf höchstem Niveau fügen die Nationen
bestenfalls eigene Aromen einer ähnlicher werdenden Spielweise bei.

Doch wie ist es um deren Qualität bestellt? Der Historiker
Bausenwein ist zu dem Schluss gekommen, dass »für die Ent-
stehung des ästhetischen Fußballs die definitive Begrenzung
des Spielfelds« notwendig war. »Schon ein flüchtiger Blick in
die Geschichte lehrt, dass überall dort, wo sich balltechnisch
anspruchsvolle Spiele entwickelten, die Spielräume be-
schränkt waren.« Für Fußball gilt das, seit nicht mehr eine
Schweinsblase zwischen zwei Stadttoren hin- und hergekickt
wird, also seit Festlegung von Regeln und Spielfeldgröße zur
Mitte des letzten Jahrhunderts.

Heutzutage hat das Spielfeld durch die verbesserte athletische Ausbildung und das Pressingspiel eine Art zweiter
Begrenzung erfahren. Wenn es dort noch enger geworden ist,
kann man da Bausenweins Argumentation nicht fortführen
und von einer weiteren Verfeinerung des Fußballspiels sprechen? Je enger, desto schöner? Valeri Lobanowski ist offensichtlich dieser Ansicht: »Es wird keine Revolutionen im Fußball mehr geben, aber es wird sich die volle Universalisierung
durchsetzen, also die Intensität des Spiels dramatisch anwach-
sen und damit seine spektakuläre Seite.«

Der Trainer von Dynamo Kiew hat keinen Zweifel daran, dass der Fußball attraktiver und besser wird, bezieht damit aber eine nicht sehr häufig vertretene Position. Dominierend ist weiterhin ein latenter Kulturpessimismus nebst fußball-typischer Überhöhung der Vergangenheit. Das nostalgische »Früher war alles besser« mag auf einige Entwicklungen im Fußball sogar zutreffen, auf das Spiel selbst aber wohl kaum. Der Zugriff des Geldes aufs Spiel und seine Verwandlung in ein Stück Unterhaltungsindustrie stört Identifikationen, bricht mit Traditionen und verletzt Gefühle. Nur den Blick auf den Rasen sollte es nicht trüben.

»Meine talentierten, klugen Spieler haben die Diktatur der Taktik und den Terror der Systeme besiegt«, verkündete Cesar Luis Menotti nach dem Titelgewinn seiner argentinischen Mannschaft bei der Weltmeisterschaft 1978. Das klingt präch-tig, ist aber Unsinn, denn auch Menottis Mannschaft agierte im Rahmen seiner taktischen Vorgaben. Hier äußert sich eher der große Rhetoriker Menotti, der nur zu gerne die bekannte Phantasie vom freien Spiel bedient, vom Sprengen aller takti-schen Fesseln. Und selbstverständlich gibt es einen schönen, freien Umgang mit den Vorgaben von System und Taktik, aber er besteht nicht in deren Aufgabe. Wenn es Mannschaften gelingt, sich zu diesen Höhen aufzuschwingen, beginnt ihr Spiel zu klingen. Dann swingt und groovt es wie im Jazz, dann verschwimmt die Grenze zwischen Verabredung und freier Improvisation.

Nur dass dem Solo im modernen Fußball keine so große Bedeutung mehr zukommt wie im Jazz. Sie werden noch sel-tener werden, die großen, entscheidenden Solos der Fußball-geschichte, deren größtes vielleicht jenes von Maradona im WM-Viertelfinale 1986 von Mexiko-City gegen England war. Am Beginn des Fußballspiels stand der egoistische Dribbler, dieser Solist ist im Laufe der Zeit immer weiter zurückge-drängt worden. Heute gibt es diesen Spieler nicht mehr oder anders: Heute ist von jedem Akteur das Solo gefordert. Wie der Musiker beim Jazz auf die Lücke für sein Solo wartet, passt auch der Fußballspieler den richtigen Moment ab. Nur sind die Solos von heute eher kleine musikalische Tupfer, kurze Taktwechsel im Rhythmus des Spiels.

Wem der Vergleich zur stagnierenden Kunstform des Jazz zu angestaubt ist, kann auch zur zeitgenössischen Dance-Music hinüberschauen, dessen zentrale Figur der DJ ist. Er stellt den Mix her, wie der Trainer es in seiner Mannschaft tut, verbirgt sich anders als der Mann auf der Bank aber oft hinter bewusst entindividualisierenden Namen, die kaum noch voneinander zu unterscheiden sind. Damit macht der DJ sich zum Diener des musikalischen Flow wie ihn die Spieler auf dem Platz herstellen, deren eng gewirkte Kombinationen das Spiel in Fluss halten.

Egal welche Vergleiche man zum Klingen bringt, Fußball ist von einem soldatischen zu einem musikalischen Spiel geworden. Selbst wenn im Umgang zwischen Trainern und Profis häufig noch der Ton von Kadettenanstalten vorherrscht und nicht der von Konservatorien. Die Schrittfolgen der Spieler sind keine marschierender Truppen, sondern die von Tänzern. Die Virtuosität der Spitzenkönner am Ball, die ihre Fähigkeiten unter größter Bedrängnis entfalten müssen, ist unglaublich geworden. Wir sollten sie nicht nur als Artisten feiern, sondern auch als Künstler. Denn zweifellos gilt auch heute, was Cesar Luis Menotti einst gesagt hat: »Fußball ist die schönste Entschuldigung, um glücklich zu sein.«

Glossar

Im Laufe der Jahrzehnte ist in der Welt des Fußballs eine große Begriffsverwirrung entstanden. Je nach Alter oder Herkunft werden von verschiedenen Freunden des Spiels ganz unterschiedliche Bezeichnungen für die gleiche Betätigung auf dem Feld oder gleiche Bezeichnungen für völlig unterschiedliche Positionen benutzt. Außerdem blüht das Taktik-Kauderwelsch, in das sich ständig neue Begriffe einschleichen, die nicht immer etwas Neues bezeichnen. Diese kleine Übersicht soll etwas Ordnung im Durcheinander schaffen. Begriffe, die an anderer Stelle im Glossar erklärt werden, sind jeweils kursiv gesetzt. Abbildung 20 liefert eine Übersicht der Herkunft traditioneller Rückennummern und Positionen aus dem 2-3-5-System.

Aufnahme: Es hört sich freundlicher an, als es ist. Weil einen Gegenspieler aufzunehmen nichts anderes bedeutet, als ihm vom Moment der Aufnahme an das Leben auf dem Platz schwer zu machen, sprich: die Zuständigkeit für ihn in der Defensive zu übernehmen. Richtiges Aufnehmen ist im Defensivspiel des zeitgenössischen Fußballs von zentraler Bedeutung, weil mit dem Wegfallen der *Manndeckung* die Gegenspieler wechseln und in einer gut funktionierenden Defensive genau abgestimmt werden muss, wer sich wann und wo um welchen Spieler des Gegners kümmern muss. Neben dieser individualtaktischen Verwendung des Begriffs wird er auch im Rahmen der mannschaftstaktischen Verhaltensregeln verwendet. So werden Trainer mit einem eher defensiven Konzept ihre Mannschaft anweisen, das gegnerische Team erst ab der Mittellinie aufzunehmen. Spielt sich

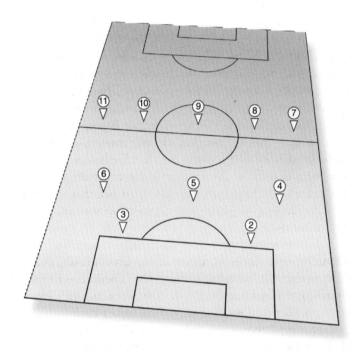

Abbildung 20: Positionen und Rückennummern
Die traditionellen Rückennummern haben ihre Herkunft im 2-3-5-System. Man kann hier erkennen, dass der Libero vom Mittelläufer (5) abstammt und die Zehn des Spielmachers früher vom linken Halbstürmer getragen wurde.

der Gegner also in der eigenen Hälfte die Bälle zu, dann lässt man ihn unbedrängt gewähren, und erst beim Überschreiten der Platzmitte beginnt die eigentliche Defensivarbeit.

Ausputzer: Die Rückennummer 5 erinnerte daran, dass es sich bei dieser Position um den ehemaligen *Mittelläufer* handelte, der zur Verstärkung der Defensive zurückgezogen wurde. Der Ausputzer ist der freie Abwehrspieler hinter der Verteidigung und soll entstehende Löcher stopfen. In Italien würde man zwischen den Begriffen Ausputzer und *Libero* keinen Unterschied machen. In Deutschland hingegen gilt der Ausputzer als eine Art Vorstufe der anspruchsvolleren Interpretation dieser Position, die dann Libero genannt wird. Vollzogen wurde dieser Schritt mit der Übernahme der Ausputzerposition in der Nationalmannschaft von Willi Schulz durch Franz Beckenbauer.

Außenbahnspieler: Ist eine Mischung aus *Außenstürmer* und *Außenverteidiger* auf einer Mittelfeldposition. Nach Abschaffung von Außenstürmern und Außenverteidigern im 3-5-2-System übernimmt er quasi beide Aufgaben und bearbeitet eine komplette Spielfeldseite, wie es der Franzose Bixente Lizarazu oder der Brasilianer Roberto Carlos beispielhaft tun.

Außenstürmer: Eine der Positionen, die es schon gab, als noch mit fünf Angreifern gespielt wurde. Die Aufgabe der Männer mit den klassischen Rückennummern 7 für den Rechtsaußen und der 11 für den Linksaußen waren Dribblings und Sprints weit an der Außenlinie, um dadurch gefährlich *in den Rücken der Abwehr zu kommen.* Zwischendurch waren Außenstürmer fast vergessen, allein im holländischen Fußball wurde ihre Tradition konsequent gepflegt. Im modernen Fußball haben sie eine Wiederauferstehung gefeiert, teilweise aber getarnt als *Außenbahnspieler.*

Außenverteidiger: Als es noch *Außenstürmer* gab, waren Außenverteidiger da, um sie zu bewachen – jedenfalls von dem Zeitpunkt an, als die Abwehr durch Zurückziehen des Mittelläufers auf drei Spieler verstärkt wurde. Später entwickelten die Männer mit den Nummern 2 und 3, die zunächst nur in der eigenen Hälfte agieren durften, Ansätze zum Offensivspiel. Der erste Außenverteidiger, der sich halbwegs systematisch ins Angriffsspiel einschaltete, war Giacinto Facchetti. Paul Breitner und Manfred Kaltz füllten diese Position in Deutschland prototypisch aus.

Ballorientierte Gegnerdeckung: siehe Verschieben

Dreierblock: So nennt man die Abwehrformation, bei der zwei *Manndecker* und der *Libero* ihre Rollen fließend wechseln, sprich: Wenn gar nicht festgelegt ist, wer *Libero* spielt und wer Manndecker ist, sondern die drei im Abwehrzentrum das je nach Situation entscheiden.

Flugball: Die Form des Passspiels, die noch in den siebziger Jahren (Overath, Netzer) als höchste Kunstform des Fußballs galt. Heute lassen sich mit langen, hoch geschlagenen Bällen fast nur noch in Kontersituationen entscheidende Lücken öffnen. Der letzte, wahlweise auch final oder tödlich genannte Pass wird meist flach und über eine relativ kurze Distanz gespielt. In Deutschland galt Uwe Bein als erster Protagonist für diesen Stil. Lothar Matthäus hingegen ist der letzte große Bewahrer des Flugballspiels.

Halbstürmer: Diese Position stammt aus dem 2-3-5-System und bezeichnete die beiden Spieler, die auf den halbrechts und halblinks zwischen *Rechts-* beziehungsweise *Linksaußen* und *Mittelstürmer* zurückgesetzten Positionen spielten. Klassische Rückennummern waren die 8 für den halbrechten und die 10 für den halblinken Spieler. Später übernahmen Halbstürmer zunehmend Aufgaben in der Spielgestaltung, weshalb es durchaus in der Entwicklung stimmig ist, dass die Nummer 10 danach zur Erkennungszahl für Spielmacher wurde.

Halblinker: siehe Halbstürmer

Halbrechter: siehe Halbstürmer

In den Rücken der Abwehr kommen: In den Rücken der Abwehr zu spielen, ist das vorrangige Ziel des modernen Flügelspiels. Erreicht man mit einem Flügelangriff die Grundlinie und spielt von dort flach oder mit einer hohen Flanke in den Sechzehnmeter, dann sind die Abwehrspieler im Zentrum in der denkbar schlechtesten Ausgangssituation: Weil sie die Stürmer verfolgt haben, ist ihre Laufrichtung der des Balles entgegengesetzt, Flanke oder Rückpass erwischen sie im Rücken, nachrückende Mittelfeldspieler und sich absetzende Stürmer sind schwer zu kontrollieren.

Innenverteidiger: Im 3-5-2-System, das in Deutschland immer noch das am weitesten verbreitete ist, bilden die beiden Innenverteidiger mit dem Libero die Abwehr. Zumeist nehmen sie die gegnerischen Angreifer erst ab einer gewissen Nähe zum Tor in Manndeckung. In der Viererkette kann man die beiden innen spielenden Verteidiger Innenverteidiger nennen. Von ihnen gibt zumeist einer die Befehle, wird deshalb als Abwehrchef angesehen – und versehentlich für den Libero gehalten.

Kreuzen: Klassisches Mittel der Stürmer, um sich anzubieten und/oder in der gegnerischen Abwehr für Unruhe zu sorgen: Der linke Angreifer spurtet nach rechts, der rechte nach links. Für Mittelfeldspieler bietet sich damit die Möglichkeit, den

Stürmer in hohem Tempo anzuspielen. Für die Abwehr besteht die Gefahr, dass bei unachtsamem *Übergeben/Übernehmen* Lücken entstehen. Außerdem werden mit dem Kreuzen Räume für nachrückende Mittelfeldspieler geschaffen.

Läufer: Mittelfeldspieler hießen früher Läufer, und es gab drei von ihnen: den *Mittelläufer*, den rechten und den linken Läufer.

Libero: Wie auch beim *Ausputzer* erinnert die klassische Rückennummer 5 daran, dass es sich beim Libero um einen Nachfolger des Mittelläufers handelt. In der Ahnenfolge ist er ihm, zumindest nach traditionellem deutschen Verständnis, sogar sehr nahe. Im Gegensatz zum rein defensiven Ausputzer soll der Libero als Abwehrchef nicht nur die Defensivbemühungen ordnen, sondern Kreativität im Angriffsspiel entwickeln. Im modernen Fußball ist der Libero fast ein Mittelfeldspieler, der vornehmlich *Überzahl herzustellen* helfen soll.

Linksaußen: siehe Außenstürmer

Linksverteidiger: siehe Außenverteidiger

Manndeckung: Eine Organistion der Defensivarbeit, die im Gegensatz zur *Raumdeckung* zunehmend als veraltet gilt. Wer mit Manndeckung arbeitet, legt genau fest, welcher Spieler bei der Defensivarbeit für welchen Gegenspieler zuständig ist – unabhängig davon, wie die angreifende Mannschaft ihre Positionen wechselt. Bei den so genannten Manndeckern, korrekter: *Innenverteidigern*, wird dieses Prinzip gelegentlich noch praktiziert und vor dem Spiel festgelegt, welcher Innenverteidiger sich um welchen Stürmer kümmert. Zunehmend spielen aber auch die Innenverteidiger seitenorientiert, also einer links und einer rechts im Abwehrzentrum, und wenn die Stürmer ihre Position wechseln, werden sie übergeben beziehungsweise übernommen. Auch gegen überragende Spielmacher versuchen manche Trainer das taktische Mittel der Manndeckung.

Mittelläufer: Eine ganz wichtige Rolle in allen alten Spielsystemen war dem Mittelläufer zugedacht. Er hatte sich sowohl um den gegnerischen *Mittelstürmer* als gefährlichstem Angreifer zu kümmern als auch Aufbauspieler und damit Vorläufer eines Spielmachers zu sein. Seine Rolle änderte sich mit dem WM-System, in dem er fest in die Abwehr zurückgezogen wurde. Damit wurde der Mittelläufer sowohl zum Vorläufer des *Vorstoppers* als auch zu dem des Liberos.

Mittelstürmer: Einen Mittelstürmer zu haben setzt – folgt man Gesetzen der Logik – voraus, zwei Außenstürmer zu haben. Da es diese aber heute zumeist nicht mehr gibt und die meisten Mannschaften nur noch mit zwei Angreifern antreten, müsste eigentlich auch der Begriff des Mittelstürmers langsam aus dem Gebrauch kommen. Trotzdem hält er sich und bedeutet wechselweise erfolgreichster Torjäger, vorderster Angreifer, Sturmspitze oder Rammbock im Angriff.

Pärchenbildung: Klassische Form der Kooperation an den Seiten des Spielfeldes. Meist so organisiert, dass der Spieler auf der Außenbahn und einer aus dem zentralen Mittelfeld ein Pärchen bilden: Geht der eine auf dem Flügel ganz nach vorne, dann muss der andere die Sicherung in seinem Rücken stellen, damit beim Konter die Flanke nicht offen ist.

Pressing: Defensivstrategie, die meist als gleichbedeutend mit dem Forechecking verstanden wird. Den ballführenden Gegner überfallartig und in Überzahl unter Druck zu setzen, kann man aber auch mit Mittelfeldpressing (15 Meter vor und hinter der Mittellinie) oder sogar, wenn der Gegner erst beim Überschreiten der Mittellinie angegriffen wird. Das Offensivpressing oder Forechecking, bei dem der Gegner schon tief in seiner Hälfte unter Druck gesetzt wird, ist die laufaufwendigste und riskanteste Form des Pressings. Weil von hinten schnell nachgerückt werden muss, wenn weit vorne angegriffen wird, und weil man in der Defensive relativ offen steht, wenn der Gegner sich aus dem Offensivpressing freikombinieren kann.

Raumdeckung: Im Gegensatz zur veralteten *Manndeckung* das Grundprinzip der zeitgemäßen Defensivarbeit. Ansatzweise davon ausgenommen sind in der Regel nur die *Innenverteidiger*. Ansonsten entscheidet sich, wer gegen wen spielt, aus der Situation heraus, wobei tendenzielle Zuordnungen – wie Außen gegen Außen oder defensiver Mittelfeldspieler gegen den offensiven – natürlich die Regel sind. Oft muss aber spontan auch anders entschieden werden, und da zudem versucht wird, gegen den Angreifer *Überzahl herzustellen*, gibt es die klassischen Zweierkonstellationen sowieso nicht mehr. Falsch ist übrigens die immer noch verbreitete Annahme, dass bei der Raumdeckung jeder Spieler für die Absicherung eines festgelegten Raumes zuständig ist.

Rechtsaußen: siehe Außenstürmer

Rechtsverteidiger: siehe Außenverteidiger

Spielmacher: Stets ein wunderbarer Quell der Wirrnis ist der Begriff des Spielmachers oder gar der Spielmacher-Position. Der Mann mit der legendären Nummer zehn war einst Halbstürmer und wurde später ins Mittelfeld zurückgezogen, wo er aber mehr wurde als ein zentraler Mittelfeldspieler. Dieser Spieler in der Mitte des Feldes, ob vorgeschoben oder zurückgezogen, sollte von seinen Mitspielern häufiger angespielt werden und dann genialisch das Angriffsspiel bedienen. Das wurde noch mit der Phantasie kurzgeschlossen, ein solchermaßen kreativer Mensch könne nicht auch noch schwer arbeiten, weshalb man ihm einen Helfer, den so genannten Wasserträger, beistellen müsse. Eine solche Spielmacherposition gibt es heute nicht mehr, trotzdem ist die Suche nach dem Spielmacher nicht beendet. Im Zweifelsfall wird der Kopf einer Mannschaft, wie Zinedine Zidane beim französischen Weltmeister, einfach zum Spielmacher erklärt.

Stopper: siehe Mittelläufer

Übergeben/Übernehmen: Flexibilisierte Form der *Manndeckung*. Wechseln die Sürmer ihre Seiten, dann gehen die *Innenverteidiger* nicht mehr mit, sondern übergeben und übernehmen in gegenseitiger Absprache die *kreuzenden* Angreifer. Sobald jedoch Gefahr im Verzug ist, wird das Prinzip Übernehmen/Übergeben ausgesetzt und die Manndeckung beibehalten.

Überzahl herstellen: Ziel des zeitgemäßen Fußballspiels – in Defensive und Offensive. Die Idee: möglichst mehr Spieler als der Gegner dort zu haben, wo gerade der Ball ist. Das strategische Mittel, mit dem das erreicht werden soll: *Verschieben*.

Umschalten: Der Wechsel vom Defensiv- zum Offensivspiel und umgekehrt. Vor allem schnell soll es gehen: Wird der Ball in der Defensive gewonnen und man kommt erstens blitzschnell und zweitens mit möglichst vielen Akteuren in die Vorwärtsbewegung, dann hat der Gegner Schwierigkeiten, seine Abwehr zu ordnen. Damit ihm das nicht passiert, versucht er natürlich, noch schneller von der Offensive auf die Defensive umzuschalten. Wer beides mit hoher Intensität betreiben will, braucht sehr laufstarke Spieler, die immer wieder in der Lage sind, direkt aus der Vorwärts- in die Rückwärtsbewegung zu wechseln – und umgekehrt.

Verschieben: Das entscheidende strategische Mittel des modernen Defensivspiels. Durch geschicktes Verschieben aller Spieler in Richtung Ball versucht man, das Spielfeld für die ballführende Mannschaft eng zu machen und dort in Überzahl zu kommen, wo der Gegner gerade den Ball führt. Neuerdings wird dieser Verschiebebahnhof auch immer wieder als *ballorientierte Gegnerdeckung* bezeichnet. Voraussetzung für ein gut funktionierendes Verschiebespiel ist, dass mit *Raumdeckung* gearbeitet wird und auch Stürmer und offensive Mittelfeldspieler in die Defensive miteinbezogen werden.

Viererkette: Immer noch geht die Mär, bei der Viererkette (in der Abwehr) würden sich die zwei Außen- und die zwei Innenverteidiger im Idealfall stets auf gleicher Höhe befinden. Aber diese (defensive) Variante des Kettenspiels ist nur eine Variation. Bei Spitzenmannschaften wie Brasilien oder Frankreich spielen die Außenverteidiger in der Kette eine Mischung aus Stürmer und Verteidiger – und damit wie Außenbahnspieler in 3-5-2-Systemen. Beim Klassiker, wo auf einer Linie gespielt wird, haben die Außenpositionen dagegen noch reine Defensivrollen.

Vorstopper: Die klassische Nummer 4 (»Kein Mensch, kein Tier, die Nummer vier«) erinnert daran, dass es sich beim Vorstopper um den Erben des *rechten Läufers* handelt, der in die Abwehr zurückgezogen wurde, um den gegnerischen *Mittelstürmer* zu bewachen. Der Mittelstürmer war in der Regel bullig und kopfballstark, der Vorstopper zumeist von ähnlichem Kaliber. Der Beruf des Vorstoppers ist seit dem Ende des klassischen Mittelstürmers und der *Manndeckung* ausgestorben. Viele Zuschauer nennen aus alter Gewohnheit den gefährlichsten Angreifer immer noch Mittelstürmer und seinen Gegenspieler Vorstopper.

Zuordnung: Kassiert eine Mannschaft nach Standardsituationen wie Freistoßflanken oder Eckbällen ein Tor, dann wird sofort die Frage nach der Zuordnung laut. Weil über die Zuordnung bestimmt wird, wer wen in Manndeckung zu nehmen hat. Was bei Standardsituationen besonders bedeutsam ist, weil da die übliche Ordnung auf dem Platz oft völlig durcheinander gewirbelt wird. Der Angreifer versucht, möglichst alle kopfballstarken Spieler im Angriffszentrum zu versammeln, und die abwehrende Mannschaft holt nicht nur alle, die kopfballstark sind, zurück, sondern nimmt auch detaillierte Zuordnungen vor. Im normalen Spielverlauf wird die Zuordnung durch richtiges Aufnehmen beziehungsweise durch *Übergeben/Übernehmen* gelöst.

Zustellen: Gegenspieler kann man zustellen, was einfach heißt: Sie werden gedeckt. Zustellen kann man durch geschicktes Laufspiel aber auch die Wege, auf denen der Gegner mit schnellem Passspiel nach vorne kommen könnte.

Die beiden Autoren bedanken sich bei:
Heinz Birnesser, Hugo Borst, Volker Finke, Volker Griepenstroh, Peter Hantke, Günther Janssen, Simon Kuper, Achim Sarstedt, Jochen Schmidt, Mike Ticher und Katrin Weber-Klüver.

KIWI BRINGT SIE ZUM RASEN!

Klaus Theweleit
Tor zur Welt
Fußball als Realitätsmodell
KiWi 830

Raphael Honigstein
Harder, better, faster, stronger
Die geheime Geschichte des englischen Fußballs
KiWi 927

Christoph Biermann
Fast alles über Fußball
KiWi 910

Nick Hornby
Fever Pitch
Ballfieber – Die Geschichte eines Fans
KiWi 409

Andreas Merkt (Hg.)
Fußballgott
Elf Einwürfe
KiWi 931

Christoph Biermann
Der Ball ist rund, damit das Spiel die Richtung wechseln kann
Wie moderner Fußball funktioniert
KiWi 702

Christof Siemes
Das Wunder von Bern
Roman
KiWi 800

Birgit Schönau
Calcio
Die Italiener und ihr Fußball
KiWi 911

Christoph Biermann
Wenn du am Spieltag beerdigt wirst, ...
Die Welt der Fußballfans
KiWi 383

Ronald Reng
Der Traumhüter
Die unglaubliche Geschichte eines Torwarts
KiWi 685

Javier Cáceres
Fútbol
Spaniens Leidenschaft
KiWi 921

www.kiwi-koeln.de   www.kiwi-extrablatt.de